최소한의
초등수학
개념사전
50

최소한의 초등수학 개념사전 50
(중학수학 만점으로 가는 초등학생 필독서)

[최소한의 교양지식®] 시리즈 No.02

지은이 | 김기용
발행인 | 김경아

2025년 6월 20일 1판 1쇄 인쇄
2025년 6월 27일 1판 1쇄 발행

이 책을 만든 사람들
기획 | 홍종남
북 디자인 | 김효정
출판 마케팅 | 김경아
교정 교열 | 김윤지
경영 지원 | 홍종남
제목 | 구산책이름연구소

종이 및 인쇄 제작 파트너
JPC 정동수 대표, 천일문화사 유재상 실장

펴낸곳 | 행복한미래
출판등록 | 2011년 4월 5일. 제 399-2011-000013호
주소 | 경기도 남양주시 도농로 34, 301동 301호(다산동, 플루리움)
전화 | 02-337-8958   팩스 | 031-556-8951
홈페이지 | www.bookeditor.co.kr
도서 문의(출판사 e-mail) | ahasaram@hanmail.net
내용 문의(지은이 e-mail) | cutcut8@naver.com
※ 이 책을 읽다가 궁금한 점이 있을 때는 지은이 이메일을 이용해 주세요.

ⓒ 김기용, 2025
ISBN 979-11-86463-75-8 (73710)
〈행복한미래〉 도서번호 : 106

※ [최소한의 교양지식®] 시리즈는 〈행복한미래〉 출판사의 초·중·고 학습법 브랜드입니다.
※ 이 책은 신저작권법에 의거해 한국 내에서 보호를 받는 저작물이므로 무단 전재 및 복제를 금합니다.

최소한의
초등수학
개념사전

|김기용 지음

50

행복한미래

차례

1부 | 자연수: 초등수학의 시작은 '자연수'다

수학과 친해지고 싶어요 수학을 사랑한 수학자 세종대왕 ... 10

1. 자연수의 혼합 계산 ... 12
2. 다섯 자리 이상의 자연수 ... 16
3. 약수와 배수 ... 20
4. 최대공약수와 최소공배수 ... 24
5. 이상, 이하, 초과, 미만 ... 28
6. 수의 올림, 버림, 반올림 ... 31
7. 참값, 측정값, 근삿값 ... 36
8. 조선 시대의 수학자 ... 38

|2부| 분수: 수포자의 시작과 끝

1. 분수의 역사　　　　　　　　　　　　　　42
2. 초등수학 분수의 뿌리　　　　　　　　　　44
3. 가분수, 진분수, 대분수　　　　　　　　　　48
4. 약분과 통분　　　　　　　　　　　　　　51
5. 분모가 같은 분수의 덧셈과 뺄셈　　　　　　55
6. 분모가 다른 분수의 덧셈과 뺄셈　　　　　　59
7. 같은 분모, 다른 분모 곱하기　　　　　　　　65
8. 같은 분모, 다른 분모 나누기　　　　　　　　69

|3부| 소수: 수학에는 자리 값이 있다

1. 소수의 역사　　　　　　　　　　　　　　74
2. 초등수학 소수의 뿌리　　　　　　　　　　76
3. 소수의 덧셈과 뺄셈　　　　　　　　　　　79
4. 소수의 곱셈과 나눗셈　　　　　　　　　　83
5. 소수로 바꿀 수 있는 분수　　　　　　　　　88

|4부| 규칙: 수학에는 절대적인 관계가 있다

수학과 친해지고 싶어요 수학자 정약용과 거중기 · 94

1. 규칙 · 95
2. 생활 속 규칙 · 99
3. 등호와 부등호 · 103
4. 대응 관계 · 105
5. 비와 비율 · 109
6. 비례식과 비례 배분 · 116
7. 수학과 관련된 직업 · 122

|5부| 도형: 공간 감각을 기를 수 있는 베이스캠프

수학과 친해지고 싶어요 도형의 역사 · 126

1. 평면 도형 · 127
2. 합동과 대칭 · 131
3. 평면 도형의 이동 · 135
4. 시각과 시간(초) · 139
5. 길이, 들이 · 143

6. 무게	146
7. 각도	149
8. 각기둥과 각뿔, 원기둥, 원뿔, 구	152
9. 삼각형	158
10. 사각형	161
11. 다각형	166
12. 다각형의 둘레와 넓이	169
13. 원주율과 원의 넓이	174
14. 직육면체와 정육면체	179
15. 직육면체와 정육면체의 겉넓이와 부피	183
16. 쌓기 나무	187

6부	확률과 통계: 수학과 과학의 만남

수학과 친해지고 싶어요 미래를 예측하는 확률과 통계	194
1. 자료와 그림그래프	195
2. 막대그래프, 꺾은선 그래프	198
3. 평균	203
4. 띠그래프, 원그래프	207
5. 경우의 수	211
6. 가능성	216

| 1부 |

자연수

: 초등수학의 시작은 '자연수'다

수학과 친해지고 싶어요

수학을 사랑한 수학자 세종대왕

우리는 세종대왕을 한글을 창제한 위대한 왕으로 기억합니다. 측우기, 혼천의, 자격루, 앙부일구 등 다양한 과학 발명품을 남기기도 했죠. 측우기로 기상을 예측하여 농사에 도움을 주었고, 혼천의로 태양과 달의 위치 및 천체 관측이 가능했죠. 자격루는 물이 흐르는 속도를 이용하여 시간을 측정하는 물시계입니다. 앙부일구는 태양의 고도에 따른 그림자 길이로 24절기를 알 수 있게 도움을 주었죠. 하지만 세종대왕이 훌륭한 수학자였다는 사실을 알고 있나요? 『세종실록』 12년에는 "산수를 배움이 임금에게 필요 없을 듯하지만, 이 또한 성인이 제정한 것이므로 이것을 배우고자 한다."라는 내용이 있어요. 한글에도 수학적 원리가 적용되었어요. 한글은 자음자와 모음자의 조합으로 글자를 만듭니다. '나'라는 글자에서 모음자만 회전시키면 '너', '누', '노' 글자를 만들 수 있습니다. 여기에 위치와 형상에 대한 공간의 성질을 연구하는 위상 수학이 적용되었습니다. 그 결과 최소한의 문자로 최소한의 공간에서 최대한 많은 글자를 만들 수 있게 되었죠.

세종대왕은 원나라 주세걸이 지은 『산학계몽』이란 책으로 수학을 공부했습니다. 단순히 덧셈, 뺄셈을 배우는 것이 아니라 수 표기법, 큰 수와 작은 수의 명수법, 방정식 등이 포함되었죠. 세종대왕은 직접 수학을 공부하고 수학을 널리 전파시키고자 했습니다.

양반 자제들을 유학 보내고 관리들에게 과제를 내고 시험을 보기도 했습니다. 또 남송의 수학자인 양휘가 지은 『양휘산법』을 국내에서 새롭게 간행하여 관리 등용에 시험 과목으로 사용했습니다. 세종대왕은 우리나라 최초로 통계 조사를 한 인물입니다. 그동안 토지를 정확히 측량하지 못하고 관리들이 직접 논밭을 돌며 세금을 부과하다 보니 중간 관리들의 폐단으로 백성들은 고통을 받고 있었습니다. 이를 개선하기 위해 전 국민 여론 조사를 실시했죠. 전화나 인터넷이 없던 시기였는데 어떻게 했을까요? 무려 5개월 동안 집집마다 다니며 조사하여 17만 명의 의견을 듣습니다. 찬성이 약 57%였지만 반대와 큰 차이가 없었죠. 결국 7년 후 찬성이 높았던 경상도, 전라도 지역만 우선적으로 새로운 조세 제도인 '공법'을 적용하기 시작합니다. 백성들 의견을 듣고 시행 시기와 시행 장소를 조정했다니 정말 대단하지 않나요?

세종대왕은 수학을 왜 공부했을까요? 당시 백성들을 위한 농업과 과학 기술을 발전시키려면 수학이 꼭 필요했기 때문이죠. 수학을 바탕으로 정확하게 계산하고 측량하여 훌륭한 과학 발명품을 만들어 냈답니다.

 한 줄 개념 정리

여학생　　세종대왕도 수학을 사랑했으니 나도 사랑해야겠어요.

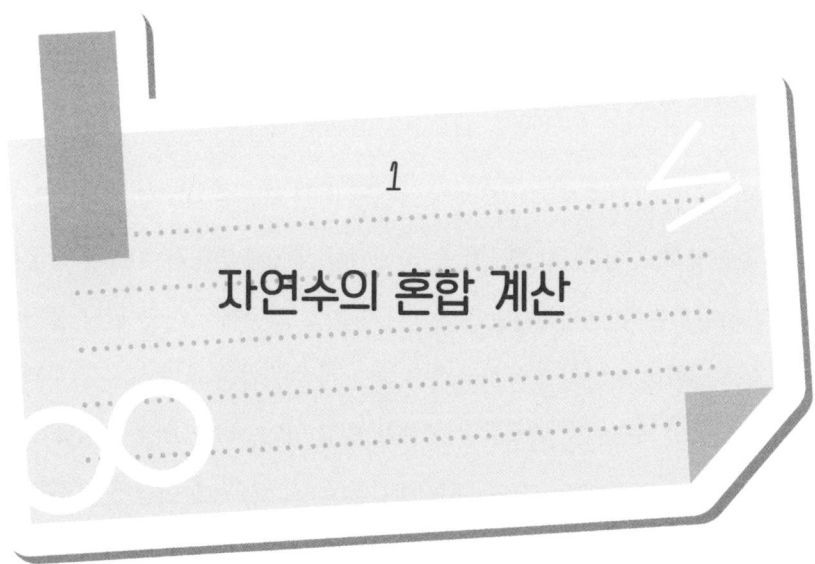

1 자연수의 혼합 계산

생활 속 수학

솔이는 문방구에 5,000원을 들고 가서 200원짜리 지우개 3개, 950원짜리 볼펜 한 자루, 700원짜리 색종이를 사서 나왔습니다. 집에 가는 길에 지나가시던 할머니께서 인사를 잘한다며 2,000원을 주셨습니다. 하지만 옆에 있던 진이는 용돈을 받지 못해 받은 돈을 반씩 나누어 가졌습니다. 현재 솔이가 가지고 있는 돈은 얼마일까요?

개념 쏙~쏙~

계산식으로 만들어 볼까요? 숫자를 순서대로 쓴 뒤 계산해 보면 $5000-200\times3-950-700+2000\div2=7375$입니다. 솔이는 정말 7,375원을 가지고 있나요? 앞에 나온 값은 왼쪽부터 순서대로 계산했을 때 얻은 결과입니다. 연속된 사칙 연산은 계산 순서를 바꾸어도 정답이 동일합니다. $3\times3\times7$과 $3\times7\times3$은 모두 63입니다. $3+3+7$과 $3+7+3$도 모두 13으로 교환 법칙이 성립합니다. 하지만 서로 다른 사칙 연산이 함께 등장하는 계산에서는 꼭 지켜야 할 계산 순서가 두 가지 있습니다.

[규칙 1]
서로 다른 사칙 연산이 함께 있는 식은 곱셈과 나눗셈을 먼저 계산하고, 덧셈과 뺄셈을 앞에서부터 차례대로 계산한다.

[규칙 2]
( )가 있으면 ( ) 안을 먼저 계산한다.

이제 솔이가 가지고 있는 돈을 올바르게 계산해 볼까요? 괄호 ( )를 이용하여 식을 만들어 계산해 봅니다. 5000−(200×3)−950−700+(2000÷2)=3750입니다. (200×3)과 (2000÷2)를 먼저 계산하고 나서 앞에서부터 차례대로 계산했습니다.

수학의 원리

선생님　애들아, 방울토마토 모종이 1판에 12개씩 여덟 판이 도착했다. 이 중에 우선 네 판만 학교 텃밭에 심으러 가자.

학생　선생님 텃밭이 네 곳으로 나뉘어 있어요.

선생님　그러면 몇 개씩 심어야 될까?

학생　음…… 12×8−4÷4=23이니까 23개씩 심으면 됩니다.

선생님　(당황) 어떻게 그렇게 계산했니?

학생　곱하기부터 계산하면 12×8은 96인데 4를 빼면 92예요. 92÷4는 23입니다.

선생님　서로 다른 사칙 연산이 함께 있으면 곱셈과 나눗셈을 먼저 계산한단다. 헷갈리면 괄호 ( ) 표시를 하는 습관을 가져 볼래?

학생　　아! 12개씩 여덟 판이니까 12×(8−4)÷4=12가 되는군요?

선생님　그렇지. 괄호 ( )는 항상 먼저 계산해야 되니 잘 기억해 두렴. 문제로 복습해 보자.

문제) 18+24−(8÷2)

　　　① 38　② 17　③ 34　④ 42　⑤ 82

학생　　①이요.

선생님　잘했어. 사칙 연산은 문제없겠지?

자연수의 혼합 계산 원리를 알았다면, 좀 더 어려운 문제로 수학적 사고를 기를 수 있습니다. 괄호 ( )로 묶어 식을 성립하거나 식을 줄여서 간단히 만들 수도 있죠. 마지막으로 혼합 계산 문제까지 해결한다면 금상첨화죠. 몇 가지 문제를 함께 풀어 볼게요.

다음 식이 성립하도록 괄호 ( )를 두 번 사용하여 묶어 보세요.

$$12-5\times3+8-2\times14=1$$

정답은 다음과 같습니다. 앞 문제를 괄호 ( ) 없이 풀면 등식이 성립하지 않기에 올바르게 표시해야 합니다.

$$(12-5)\times3+8-(2\times14)=1$$

두 식을 하나로 만드는 연습을 하면 여러 가지 수의 사칙 연산을 계산할 때 도움이 됩니다. 방정식을 배울 때도 여러 개의 식을 하나로 만들 수 있죠.

12×3=36과 36−10=26이라는 식을 하나로 합치려면 어떻게 해야 할까요? 왼쪽에 있는 식을 오른쪽 식에 대입할 수 있습니다. 식을 바꾸면 다음과 같죠.

$$36-10=26$$
$$\downarrow$$
$$(12\times3)-10=26$$

이번에는 16÷2=8과 4×2=8이라는 식을 하나로 합쳐 보겠습니다. 등호(=)는 서로 같은 값을 나타냅니다. 따라서 16÷2=8=4×2=8입니다. 결국 16÷2=4×2라는 것을 알 수 있죠. 이처럼 등호의 개념을 정확히 이해하면 식을 대입해서 문제를 해결하는 데 도움이 됩니다.

한 줄 개념 정리

남학생　자연수의 혼합 계산은 괄호 ( )의 위치가 중요해요.

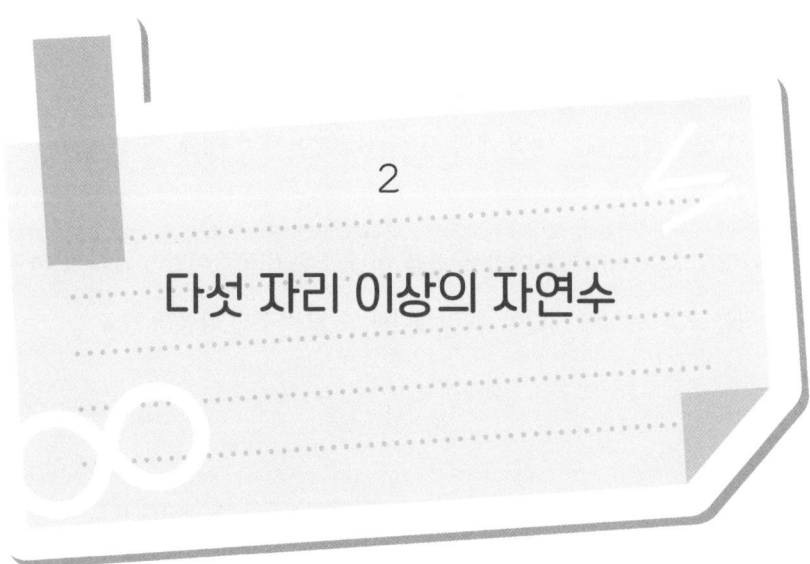

2 다섯 자리 이상의 자연수

개념 쏙~쏙~

우리나라는 큰 수를 표기할 때 세 자리마다 ,(쉼표)를 넣어서 구분합니다. 하지만 숫자를 읽을 때는 네 자리씩 끊어 읽습니다. 우리는 표기법과 읽는 방법이 달라 일의 자리부터 일, 십, 백, 천, 만, 십만, 백만, 천만을 계속 세 보아야 하죠. 네 자리씩 끊어서 한번 표기하고 읽어 볼게요. 다음 표를 보고 읽어 보세요. 어때요?

1,0000	일만
10,0000	십만
100,0000	백만
1000,0000	천만
1,0000,0000	일억
10,0000,0000	십억
100,0000,0000	백억
1000,0000,0000	천억
1,0000,0000,0000	일조

수학의 원리

좀 더 읽기 쉬워졌나요? 숫자를 쉽게 읽으려면 0의 개수가 몇 개인지 얼른 세어 보아야 해요. 숫자 4개마다 단위가 바뀌거든요. 0이 4개면 '만', 0이 8개면 '억', 0이 12개면 '조'예요. 무척이나 간단하죠? 사실 우리나라도 원래 네 자리마다 표기를 했었어요. 삼국 시대부터 네 자리 표기법을 사용했습니다. 수학을 사랑한 세종대왕은 원나라 주세걸이 지은 산학계몽이란 수학책으로 공부했습니다. 이때 불교에서 유래한 불가사의(不可思議), 무량대수(無量大數)처럼 더 큰 단위가 생겨났죠. 우리나라가 예전에 사용하던 표기법을 다시 한 번 살펴볼까요?

1,0000,0000,0000,0000	경(京)
1,0000,0000,0000,0000,0000	해(垓)
1,0000,0000,0000,0000,0000,0000	자(秭)
1,0000,0000,0000,0000,0000,0000,0000	양(穰)
1,0000,0000,0000,0000,0000,0000,0000,0000	구(溝)

모두 0이 4개씩 늘어나는 규칙을 보입니다. 구(溝)보다 더 큰 단위에는 간, 정, 재, 극, 항하사, 아승기, 나유타, 불가사의, 무량대수가 있죠. 무량대수는 1 뒤에 0이 무려 68개나 있어요. 얼마나 큰 숫자일지 가늠이 어렵네요. 그렇다면 왜 표기법이 세 자릿수마다 ,(쉼표)를 넣는 것으로 바뀌었을까요? 정답은 미국과 유럽 국가들의 영향이죠. 그동안은 중국과 주로 교류가 많았기에 중국의 숫자 표기를 따랐지만 무대를 세계로 넓히면서 영어로 표기하는 방법을 따라갑니다. 현재 세계 표준 단위가 세 자릿수마다 끊어 읽기로 변형되어 우리도 표기법을 변경하게 된 것이죠.

1,000	*thousand*
1,000,000	*million*
1,000,000,000	*billion*
1,000,000,000,000	*trillion*

우리나라를 비롯한 미국, 영국 등은 큰 수를 나타낼 때 ,(쉼표)로 표기하지만 유럽 여러 나라는 .(마침표)를 쓰거나 칸을 띄어 씁니다. 이뿐만 아니라 날짜를 표기하는 방법도 달라요. 참고로 알아 두면 도움이 될 거예요.

2025년 6월 19일	
한국, 중국, 일본 등	2025/06/19(연/월/일)
미국, 필리핀 등	06/19/2025(월/일/연)
그 외 나라 대부분	19/06/2025(일/월/연)

수학은 힘이 세다

수는 알면 알수록 재미있습니다. 서로 다양한 관계를 맺고, 사칙 연산을 이용하여 값이 바뀌고, 숫자를 나누거나 규칙을 찾을 수도 있습니다. 영화 〈무한대를 본 남자〉는 인도의 수학자 라마누잔에 관한 이야기입니다. 라마누잔은 인도의 최하층 계급으로 태어나 정규 교육을 받지 못했지만, 독학으로 수학을 공부하여 영국 케임브리지대학에 자리를 잡고 본격적으로 연구를 하기 시작합니다. 생전에 정리 600장을 남기고 세상을 떠난 라마누잔의 노트는 여전히 수학자들의 연구 대상으로 남아 있습니다. 위대한 수학자가 만든 수식을 한번 살펴볼까요? S는 자연수의 총합이며, S에 특정수를 곱하는 방식입니다. 표를 한번 볼게요.

S	$=1+2+3+4+5+6+7+8+9+10+\cdots$	
$4S$	$=4+8+12+\cdots$	S에 4배를 하여 $1+2+3+\cdots$이 $4+8+12+\cdots$가 됨
$-3S$	$=1-2+3-4+5-6+\cdots$	

자연수의 세로 뺄셈처럼 S와 $4S$를 빼 주면 $-3S$가 나옵니다. 라마누잔은 이 $-3S$를 활용했죠. $-3S$를 네 번 더하면 $-12S$가 나옵니다.

$-3S$	$=1-2+3-4+5-6\cdots$
$-3S$	$=1-2+3-4+5\cdots$
$-3S$	$=1-2+3-4+5\cdots$
$-3S$	$=1-2+3-4\cdots$
$-12S$	$=1+0+0+0+0+0\cdots$

신기하게도 $-12S$는 1이 되고, 식의 양변에 $(-\frac{1}{12})$을 곱해 주면 $S=-\frac{1}{12}$이 됩니다. 이것으로 자연수의 총합은 $-\frac{1}{12}$이라는 것을 알 수 있죠. 정말 신기하지 않나요?

한 줄 개념 갱리

아빠   큰 숫자를 읽을 때는 0의 개수를 정확히 세어 봐야 해.

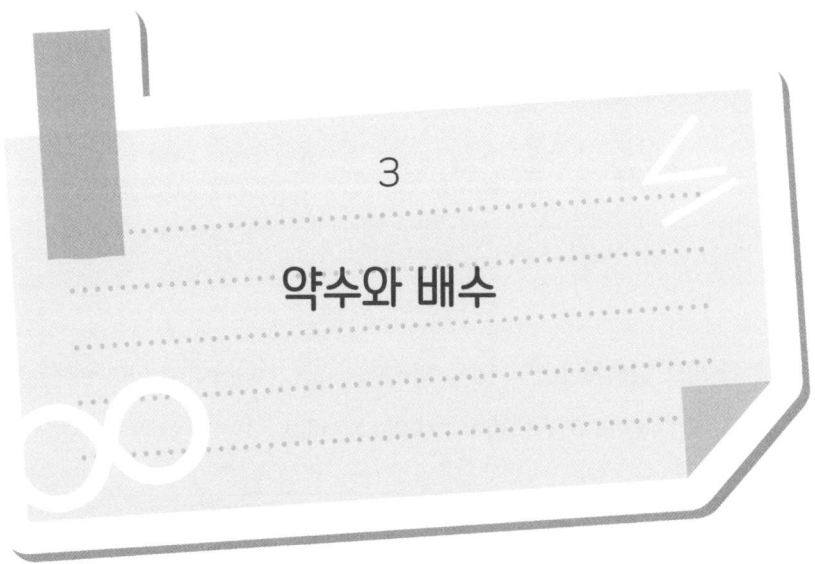

3 약수와 배수

생활 속 수학

어느 날 선생님께서 저를 부르시더니 이렇게 물어보십니다. "여기 초콜릿 42개가 있는데, 우리 반 아이들한테 똑같이 나누어 줄래?", "네!"라며 크게 대답하고는 아이들을 바라보니 몇 개씩 주어야 할지 막막합니다. 우리 반 아이들은 14명인데……. 어쩔 수 없이 친구들 1명당 1개씩 모두 나누어 주고, 1개씩 또 나누어 주고, 1개씩 또 나누어 주니 더 이상 초콜릿이 남지 않았습니다. 초콜릿을 다 나누어 주는 데 5분이나 걸렸습니다. 좀 더 빨리 나누어 주려면 어떻게 했어야 할까요?

개념 쏙~쏙~

약수와 배수를 알면 일상생활에서 편리한 점이 많습니다. 여러 물건을 누군가에게 나누어 줄 때, 머릿속으로 돈을 암산해야 할 때, 물건을 살 때도 사용되죠. 교과서에는 약수는 어떤 수를 나누어떨어지게 하는 수고 배수는 어떤 수를 1배, 2배, 3배…… 한

수라고 써 있습니다. 다른 개념과 다르게 간단명료하게 써 있죠.

수학의 원리

18이라는 숫자의 약수를 구하려면 1부터 18까지 총 18번을 나누어 보면 구할 수 있습니다. 하지만 너무 비효율적이라서 작은 수부터 곱셈식으로 바꾸어 표현해 보겠습니다. 18은 1×18, 2×9, 3×6, 6×3, 9×2, 18×1로 만들 수 있습니다. 곱셈식은 숫자 위치를 바꾸어도 식이 변하지 않기에 숫자가 겹치는 곱셈식은 제거합니다. 남는 곱셈식은 1×18, 2×9, 3×6 총 3개죠. 작은 숫자부터 쓰면 1, 2, 3, 6, 9, 18입니다. 지금 구한 숫자 6개가 바로 18의 약수입니다.

배수를 찾는 방법은 쉽습니다. 가장 간단한 2의 배수와 5의 배수를 살펴보겠습니다. 일의 자리가 0, 2, 4, 6, 8이면 2의 배수고 일의 자리가 0, 5면 5의 배수입니다. 여기에서 일의 자리가 0이면 2의 배수와 5의 배수에 모두 해당합니다. 10은 2의 배수이면서 5의 배수죠. 표를 보면 좀 더 쉽게 이해할 수 있습니다.

끝자리로 배수 판정(2, 5, 10)	
2의 배수	일의 자리가 0, 2, 4, 6, 8
5의 배수	일의 자리가 0, 5
10의 배수	일의 자리가 0

끝자리로 정하는 배수는 2, 5, 10이 있습니다. 곱셈 구구처럼 이오십으로 외우면 잘 잊어버리지 않습니다.

마지막 두 자릿수와 세 자릿수로 배수 판정(4, 8)	
4의 배수	마지막 두 자릿수가 4의 배수(00 포함)
8의 배수	마지막 세 자릿수가 8의 배수(000 포함)

마지막 두 자릿수와 세 자릿수로 판정하는 배수는 4, 8이 있습니다. 저는 외울 때 사이팔삼으로 외웠어요. 4×2=8이고, 앞에 숫자가 3개 나왔기에 3을 함께 넣어 외웠어요. 억지로 외우는 것 같지만 초등학생 때 외운 것을 여전히 잊지 않게 되기도 합니다. '4'의 배수는 마지막 '두' 자리고, '8'의 배수는 마지막 '세' 자리기 때문이죠. 아무리 큰 숫자가 있어도 끝에 두 자릿수만 보면 4의 배수를 판정할 수 있죠. 1288943020이라는 숫자도 마지막 두 자릿수 20이 4의 배수이므로 쉽게 찾아냅니다. 이때 마지막 두 자릿수가 00이어도 4의 배수입니다. 마찬가지로 마지막 세 자릿수만 보면 8의 배수인지 알 수 있습니다. 482216의 마지막 세 자릿수 216은 8의 배수입니다. 이때도 마지막 세 자릿수가 000이면 8의 배수가 됩니다.

모든 자릿수의 합(3, 9)	
3의 배수	각 자릿수의 합이 3의 배수
9의 배수	각 자릿수의 합이 9의 배수

모든 자릿수의 합으로 판정하는 배수는 3과 9가 있습니다. 써 있는 모든 숫자를 더해서 3의 배수인지 9의 배수인지 찾아내면 되죠. 아직 6의 배수와 7의 배수를 소개하지 않았습니다. 6의 배수는 2의 배수이면서 동시에 3의 배수이면 됩니다. 일의 자리가 0, 2, 4, 6, 8이면서 모든 자릿수의 합이 3의 배수이면, 6의 배수인 것이죠. 12318은 일의 자리가 8이면서 모든 자릿수의 합이 15이므로, 2의 배수이면서 3의 배수입니다. 결국 6의 배수가 된다는 사실을 알 수 있죠.

아직 7의 배수를 소개하지 않았습니다. 7의 배수를 판정하는 스펜서 방법을 소개할게요. 스펜서는 어떤 수에서 일의 자리를 떼어 내고 남은 수에서 일의 자리를 2배한 값을 뺐을 때 7의 배수인지 확인해 보면 알 수 있다고 했어요. 273에서 일의 자리를 떼어 내면 27이 남습니다. 27에서 일의 자리를 2배한 3×2를 빼면 $27 - 3 \times 2 = 21$입니다. 21은 7의 배수이므로 273은 7의 배수가 됩니다. 7의 배수를 찾는 방법은 이외에도 1001이 7의 배수임을 이용하는 방법과 라이언스 방법, 토자 방법 등이 있어요. 다른 방법은 아직 복잡하므로 배수 마스터가 되면 공부해 보기로 해요.

학생	선생님! 1의 배수는 왜 안 알려 주세요?
선생님	1의 배수라고?
학생	네. 1도 자연수인데 배수가 없나요?
선생님	1은 1부터 시작하는 모든 자연수가 배수란다. $1 \times 1 = 1$, $1 \times 2 = 2$처럼 말이지.
학생	아! 당연해서 안 알려 주셨군요?
선생님	그렇지! 2부터 10까지 배수를 꼭 외우도록 해.

한 줄 개념 정리

선생님   배수 찾는 규칙! 이오십, 사이팔삼 기억해 둬.

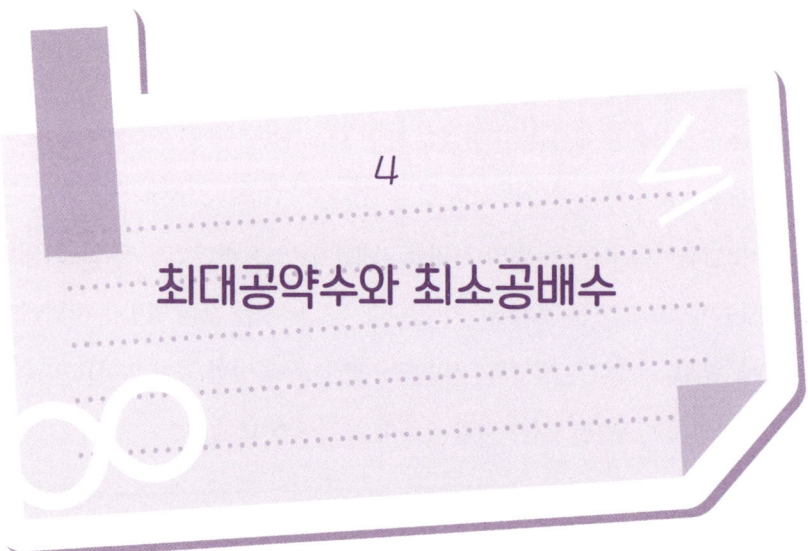

4 최대공약수와 최소공배수

개념 쏙~쏙~

약수와 배수를 모두 배우면 공약수와 최대공약수, 공배수와 최소공배수를 배웁니다. 최소공약수와 최대공배수는 배우지 않습니다. 최소공약수는 구할 필요가 없이 1입니다. 반대로 최대공배수는 우리가 쓸 수 있는 숫자 범위를 넘어가 버리죠. 24와 40의 최소공약수는 1입니다. 공배수는 240이죠. 최대공배수를 구하려면 끝을 알 수도 없는 240의 배수 끝이 어디인지 찾아야 합니다. 너무 먼 길이기에 교과서에서는 다루지 않습니다. 따라서 우리는 24와 40의 최대공약수와 최소공배수를 배우게 되죠. 이 개념은 분수의 약분과 통분에도 사용되기에 개념을 정확히 짚고 넘어가야 합니다.

수학의 원리

8의 약수는 1, 2, 4, 8이고 20의 약수는 1, 2, 4, 5, 10, 20입니다. 공통된 약수는 2와 4죠. 이 중 더 큰 4를 최대공약수라고 합니다. 매번 이렇게 찾기는 쉽지 않기에 8과

20을 각각 곱셈식으로 표현해 봅니다. 8=2×2×2, 20=2×2×5입니다. 두 수에 모두 공통되는 곱셈식 2×2가 최대공약수가 되죠. 8의 배수는 8, 16, 24, 32, 40…이고 20의 배수는 20, 40, 60…입니다. 공통된 배수는 40입니다. 40, 80, 120… 모두 공배수가 되죠. 이번에도 8과 20을 곱셈식 8=**2×2**×2, 20=**2×2**×5로 나타내 봅니다. 2×2는 중복되기에 한 번만 써 주면서 곱셈식을 하나로 만들어 주면, 2×2×2×5가 됩니다. 계산해 보면 40입니다. 신기하게도 최소공배수가 나오죠. 말로 풀어쓴 이 식을 계산식으로 나타내면 더욱 간단합니다.

8과 20의 공약수인 2로 두 수를 나눕니다. 4와 10은 공약수 2로 또 나누어 줄 수 있습니다. 2로 두 번 나누어 주었기에 왼쪽에 위치한 2×2는 최대공약수가 됩니다. 이제 최대공약수와 최대공약수로 8과 20을 나눈 나머지 값을 곱해 줍니다. 2×2×2×5이며, 40입니다. 위에서 말로 풀어 계산했던 식과 동일하죠. 원리를 이해하고 풀면 좀 더 기억에 오래 남는 법입니다.

$$\begin{array}{r}2\,)\,\underline{8\ \ 20}\\ 2\,)\,\underline{4\ \ 10}\\ 2\ \ \ 5\end{array}$$

아직도 헷갈린다면 표로 이해해 보는 것은 어떨까요? 좀 더 큰 수로 최대공약수와 최소공배수를 알아볼게요. 72와 48의 약수를 구한 뒤 공약수를 찾아볼게요.

$$72=2\times2\times2\times3\times3$$
$$48=2\times2\times2\times2\times3$$

배운 것처럼 앞에 표시된 $2\times2\times2\times3=24$가 최대공약수가 됩니다. 최대공약수는 모든 공약수를 다 곱해 버리면 되거든요. 최대공약수가 $2\times2\times2\times3$이면 공약수는 2, 2×2, $2\times2\times2$, 2×3, $2\times2\times3$, $2\times2\times2\times3$ 모두 된다는 사실을 알고 있죠? 최소공배수는 앞에서 최대공약수에 포함되는 숫자들을 제외한 수를 모두 곱하면 됩니다. 72에서는 3, 48에서는 2가 남죠? 이제 최대공약수에 3과 2를 곱합니다. $2\times2\times2\times3\times3\times2=144$가 최소공배수가 됩니다. 최소공배수는 분모가 다른 분수를 통분할 때도 사용되니 잘 알아 두면 도움이 된답니다.

혹시 세 수의 최대공약수와 최소공배수는 어떻게 구할 수 있을까요? 방법은 똑같아요.

$$72=2\times2\times2\times3\times3$$
$$48=2\times2\times2\times2\times3$$
$$12=2\times2\times3$$

세 수의 최대공약수는 $2\times2\times3=12$입니다. 공약수는 2×2, $2\times2\times3$, 2×3이 되겠죠. 최소공배수는 최대공약수에 서로에게 없는 나머지 약수들을 모두 곱해 주면 됩니다.

최대공약수	72의 남는 약수	48의 남는 약수	최소공배수
$2\times2\times3$	2×3	2×2	$2\times2\times3\times2\times3\times2\times2=288$

한 줄 개념 정리

남학생   최소공배수는 최대공약수에 남는 약수들을 곱하면 되어요.

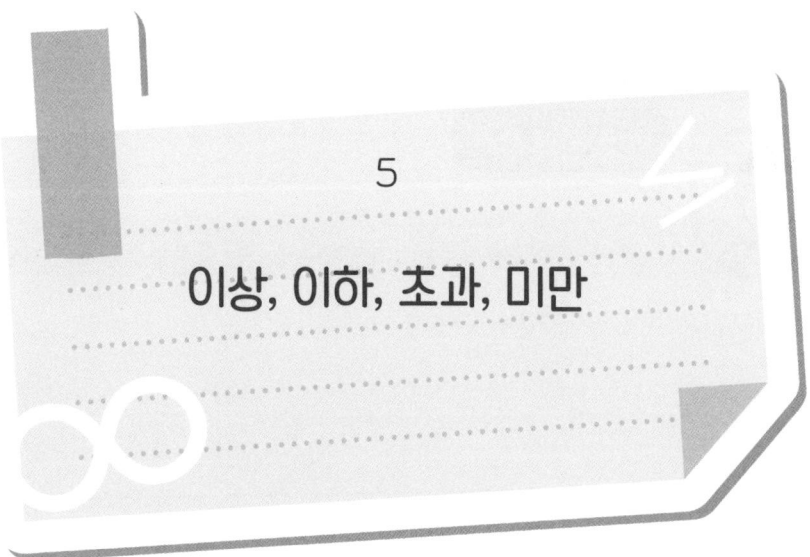

5 이상, 이하, 초과, 미만

생활 속 수학

영호는 어린이날을 맞이하여 들뜬 마음으로 놀이공원에 갔습니다. 친구들이 모두 타 본 롤러코스터를 타려고 줄을 서려는 순간 제지 당합니다. 이 놀이 기구는 안전상 이유로 키 130cm 이상만 탈 수 있고 130cm보다 작으면 이용할 수 없습니다. 영호는 타게 해 달라고 떼를 써 보았지만 소용없었습니다. 어쩔 수 없이 다른 놀이 기구를 타면서 시간을 보냈죠.

개념 쏙~쏙~

여러분도 혹시 이런 경험이 있나요? 방금 '이상'이라는 개념이 나왔어요. 초등학교 수학에는 '이상', '이하', '미만', '초과' 개념이 등장해요. 숫자로 설명해 보아요.

이상	~와 같거나 큰 수	기준점 포함(○)
이하	~와 같거나 작은 수	기준점 포함(○)

이상과 이하는 모두 '~와 같거나'라는 기준이 포함되어 있어요. $20kg$ 이상이면 $20kg$, $21kg$, $22kg$ 등이 해당되고 $20kg$ 이하면 $20kg$, $19kg$, $18kg$ 등이 해당되죠.

초과	~보다 큰 수	기준점 포함(×)
미만	~보다 작은 수	기준점 포함(×)

초과와 미만은 모두 '~보다'라는 말이 있어요. 기준점이 포함되지 않는다는 뜻이죠. $20kg$ 초과면 $20kg$을 제외한 $21kg$, $22kg$ 등이 해당되고 $20kg$ 미만이면 $20kg$을 제외한 $19kg$, $18kg$ 등이 해당되죠. 자연수만 표기했지만 소수도 동일합니다. $20kg$ 미만에는 $15.5kg$, $14.28kg$, $19.84kg$도 포함되죠.

수직선으로 표현하면서 개념을 복습해 볼까요? 수직선에는 해당 값이 포함되면 색칠을 해 주고, 그렇지 않으면 동그라미 표시만 해 줍니다.

100 이상: 기준점 포함(○)	90　100　110
100 이하: 기준점 포함(○)	90　100　110
100 초과: 기준점 포함(×)	90　100　110
100 미만: 기준점 포함(×)	90　100　110

개념을 좀 더 확장해서 수의 일정한 범위를 표현할 수도 있어요. 기준점이 포함되는지 여부에 따라 표시를 정확히 하면 됩니다. 몇 번 연습해 보면 오래 기억에 남겠죠?

100 이상 110 미만	90 ●――――○ 110 100
100 초과 110 미만	90 ○――――○ 110 100

수학의 원리

선생님 기습 퀴즈를 내겠다. ○○박물관은 8살 이하의 어린이는 입장료를 받지 않는다고 하는데, 8살은 입장료를 내야 할까?

학생 네, 8살 이하면 8살이 포함이므로 입장료를 내지 않아도 됩니다.

선생님 잘했어. 그러면 10명이 정원인 엘리베이터에 6명이 타고 있으면 몇 명 미만으로 탑승 가능할까?

학생 4명이 가능하니 5명 미만으로 탈 수 있습니다!

선생님 좋아. 이제 교실에는 1명 이상의 사람은 있을 수 없으니 우리 모두 집에 가자!

> 한 줄 개념 정리

아빠 이상과 이하는 기준점을 포함하고, 초과와 미만은 기준점을 포함하지 않는단다.

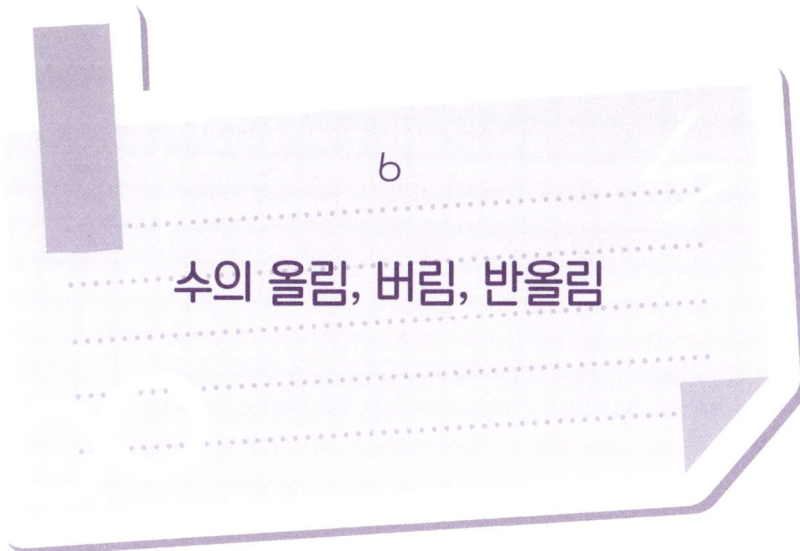

생활 속 수학

앞에서 배운 어림하기 개념인 이상, 이하, 초과, 미만 개념을 활용하여 올림, 버림, 반올림을 배울 수 있어요. 정확한 숫자를 알려 주면 좋을 텐데 왜 어림하기를 사용할까요? 살다 보면 복잡한 숫자를 그대로 전달할 때도 있지만, 대략적인 수로 전달하는 것이 편리할 때도 많지요. 서울의 인구수, 명절 귀성길 인원, 행사장 인파 등 정보를 전달할 때 정확한 수치보다는 약 몇 명인지가 기억에 더 오래 남고 편리합니다.

개념 쏙~쏙~

여러분은 친구 13명에게 고마운 마음을 전하는 편지를 쓰려고 편지 봉투를 사러 갔어요. 문방구에서는 한 묶음에 10매짜리인 편지 봉투만 팔고 있었죠. 이럴 때 여러분은 어떻게 하나요? 설마 10매짜리 1개를 사고, 다른 묶음에서 편지 봉투 3장만 몰래 빼서 구입하지는 않겠죠? 그러면 안 됩니다. 여러분은 10매짜리 편지 봉투 2개를 사서 총

20매를 가지게 될 거예요. 방금 편지 봉투를 올림하여 십의 자리까지 나타냈어요.

13을 올림하여 십의 자리까지 나타내어 20으로 표현했어요. 십의 자리, 백의 자리, 천의 자리도 올림할 수 있죠. 구하려는 자리의 아래 수를 올려서 나타내는 방법이 올림입니다. 표로 알아볼까요?

올림하여 천의 자리까지 나타내면?	1 4 8 3 ⇩ ⇩ ⇩ ⇩ 2 0 0 0
올림하여 백의 자리까지 나타내면?	1 4 8 3 ⇩ ⇩ ⇩ ⇩ 1 5 0 0
올림하여 십의 자리까지 나타내면?	1 4 8 3 ⇩ ⇩ ⇩ ⇩ 1 4 9 0

올림은 소수에서도 많이 활용됩니다. 올림하여 소수 첫째 자리까지 나타내거나 둘째 자리, 셋째 자리까지 쓸 수 있죠.

올림하여 소수 첫째 자리까지 나타내면?	1 . 4 8 3 ⇩ ⇩ ⇩ ⇩ 1 . 5 0 0
올림하여 소수 둘째 자리까지 나타내면?	1 . 4 8 3 ⇩ ⇩ ⇩ ⇩ 1 . 4 9 0

올림과 반대 개념은 버림입니다. 구하려는 자리의 아래 수를 버려서 나타내는 방법이죠. 온라인에서 적립금을 사용할 때는 본의 아니게 버림을 활용하게 됩니다. 100원 단위 또는 1,000원 단위로만 적립금을 사용할 수 있기 때문이죠. 자주 접속하는 웹 사

이트가 아닌데 1,830원 중에 1,000원만 사용해야 되니 너무 아깝습니다. 하지만 해당 웹 사이트 정책이니 어쩔 수 없죠. 이때 우리는 버림하여 천의 자리까지 나타낸 1,000원을 사용하게 되죠. 또 운동화를 사거나 옷을 살 때도 좀 큰 제품을 삽니다. 내 발 사이즈가 211mm인데 210mm를 신을 수는 없으니 220mm나 230mm를 삽니다. 표로 알아볼까요?

버림하여 천의 자리까지 나타내면?	1 4 8 3 ⇩ ⇩ ⇩ ⇩ 1 0 0 0
버림하여 백의 자리까지 나타내면?	1 4 8 3 ⇩ ⇩ ⇩ ⇩ 1 4 0 0
버림하여 십의 자리까지 나타내면?	1 4 8 3 ⇩ ⇩ ⇩ ⇩ 1 4 8 0

버림도 소수에서 많이 활용합니다. 버림하여 소수 첫째 자리까지 나타내거나 둘째 자리, 셋째 자리까지 쓸 수 있죠.

버림하여 소수 첫째 자리까지 나타내면?	1.4 8 3 ⇩ ⇩ ⇩ ⇩ 1.4 0 0
버림하여 소수 둘째 자리까지 나타내면?	1.4 8 3 ⇩ ⇩ ⇩ ⇩ 1.4 8 0

이제 올림과 버림 개념을 함께 적용하는 반올림을 알아볼게요. 반올림은 구하려는 자리의 아래 자리 숫자가 0, 1, 2, 3, 4면 버리고 5, 6, 7, 8, 9면 올리는 방법입니다. 숫자

0부터 9까지 숫자 10개를 5씩 반반 나누어서 5개는 버리고 5개는 올리죠. 굉장히 공평한 수학 개념 중 하나입니다.

수학의 원리

선생님   반올림 문제를 낼게. 서울의 면적은 $605.208km$란다. 반올림하여 소수 첫째 자리와 소수 둘째 자리까지 나타내 보렴.

학생   음……. 반올림하여 소수 첫째 자리까지 나타내려면 소수 둘째 자리 숫자 0을 잘 봐야 해요. 0은 버림을 해야 하므로 $605.2km$가 정답입니다.

선생님   이렇게 어려운 것을 풀다니. 그럼 반올림하여 소수 둘째 자리까지 나타내면 얼마일까?

학생   소수 둘째 자리까지 나타내려면 소수 셋째 자리 숫자 8을 올림하면 돼요. $605.21km$예요!

선생님   대단해! 더 이상 가르칠 것이 없구나. 하산하거라.

학생   하산이요? 저희 교실은 1층이에요!

선생님   하산을 할 수 없다면 연습 문제로 올림, 버림, 반올림을 완벽하게 익혀 보자.

연습 문제

	올림	버림	반올림
35712를 ○○하여 백의 자리까지 나타내기	35800	35700	35700
3.5712를 ○○하여 소수점 둘째 자리까지 나타내기	3.58	3.57	3.57
378을 ○○하여 십의 자리까지 나타내기	380	370	380
3.78을 ○○하여 소수 첫째 자리까지 나타내기	3.8	3.7	3.8

한 줄 개념 정리

아빠　　올림과 버림을 할 때는 0~4는 버리고 5~9는 올리고!

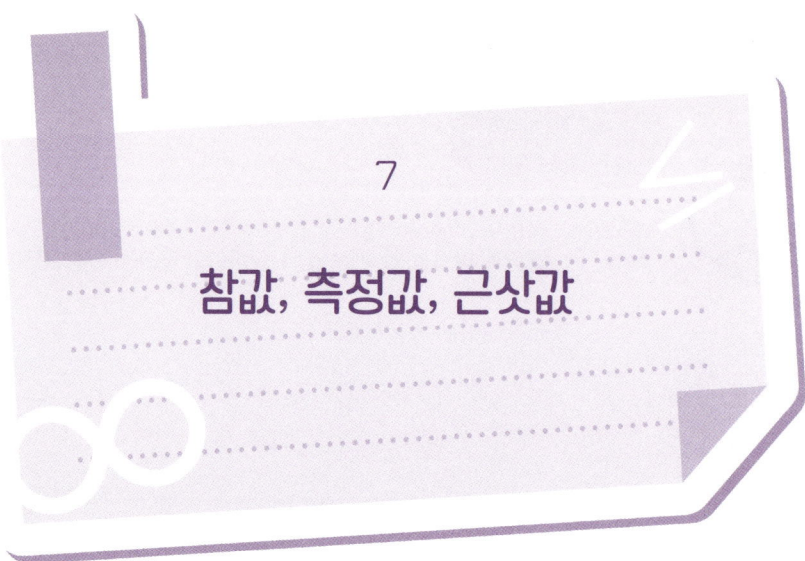

7
참값, 측정값, 근삿값

생활 속 수학

아침에 일어나서 몸무게를 쟀는데 57.61kg이 나왔습니다. 깜짝 놀라 다시 올라가 보니 57.39kg이 나왔습니다. 이처럼 똑같은 시간에 여러 번 체중을 측정하면 왜 측정할 때마다 결과가 다를까요? 그 이유는 몸무게는 체중계로 측정해서 얻은 측정값이기 때문입니다. 마치 체온을 잴 때마다 조금씩 다른 결과가 나오는 것과도 비슷하죠. 이외에도 자, 각도기, 시계 등 눈금을 읽어서 재는 측정값도 오차가 생기기 마련입니다.

개념 쏙~쏙~

우리는 몸무게를 말할 때 '나는 73kg이야.'라고 반올림이나 올림을 하여 이야기합니다. 하지만 정확히 따지면 73.34412348…처럼 소수점 아래가 끝없이 이어지는 수일지도 모릅니다. 우리가 생활하는 데는 73kg만 알아도 큰 문제없기에 일상생활에서는 참값이 아니라 근삿값인 측정값을 활용합니다. 올해 부산 해운대에 인파가 약 3만 명이

몰랐다는 뉴스 기사를 보았는데, 정확한 참값은 알려 주지 않았습니다. 사실 정확한 인원을 확인하기는 어렵죠. 실제로 해운대에 모인 인파 2만 9,321명은 참값이고, 약 3만 명은 근삿값이죠. 참값과 근삿값을 간단히 구별해 볼까요?

밥 1공기의 열량은 300$kcal$다.	근삿값
우리 마을에는 놀이터가 3개 있다.	참값
책을 30분 동안 읽었다.	근삿값
우리 반 친구들은 모두 24명이다.	참값
200mL 우유를 모두 마셨다.	근삿값

좀 헷갈리나요? 어떤 단위를 사용해서 측정하면 측정값이라고 하는데, 측정값은 근삿값이기 때문에 특정 단위가 나오면 근삿값일 가능성이 높아요. 왜 그럴까요? 측정 기준이 되는 시계, 온도계 등은 세계 과학자들이 모여 만든 기준이라 나중에 바뀔 수도 있어요. 그리고 측정 도구는 항상 미세한 오차가 발생하기 때문에 참값이라고 할 수는 없답니다.

한 줄 개념 갱리

남학생 측정 도구를 활용하면 근삿값이에요.

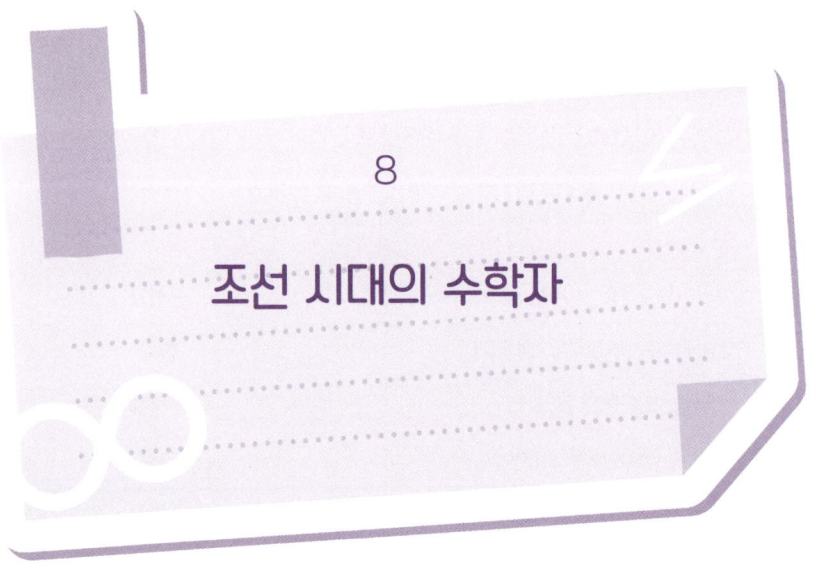

8 조선 시대의 수학자

　우리가 알고 있는 조선은 유교 사상으로 시작해서 유교 사상으로 끝난다고 해도 과언이 아니에요. 그만큼 유교적인 삶이 중시되고, 이외의 것은 배척되었던 시대였어요. 하지만 조선 시대에 우리나라는 독자적으로 수학을 엄청 연구했고 활용했다는 사실을 알고 있나요? 조선 시대 이전에는 중국의 수학을 들여와서 배우는 것이 일반적이었다면, 조선 시대에는 중국뿐만 아니라 서양 수학도 들여와 연구하고 이와 함께 조선만의 독자적인 수학 연구도 함께하게 됩니다. 심지어 과거 시험에도 수학 문제가 출제되었다고 합니다. 조선 시대에는 수학을 산학이라고 불렀어요. 사칙 연산을 하는 산수 개념이 아니라 천문학, 건축, 군사, 측량, 조세 등 사회 전반적인 분야에서 두루 사용했죠. 측량 도구를 사용하여 토지 면적을 정확히 측정하고 방정식, 비례식도 활용했어요. 이뿐만 아니라 도형 파트에서 살펴볼 기하학과 고차 방정식, 심지어 미적분까지도 연구했습니다.

조선 시대의 수학자 최석정은 『구수략』에서 마방진을 9차까지 만들어 냈는데, 스위스의 천재학자 오일러보다도 연구 결과가 60년이나 더 빨랐습니다. 또 덧셈, 뺄셈, 곱셈, 나눗셈 사칙 연산을 태양, 태음, 소양, 소음으로 구별했죠. 홍정하는 『구일집』이라는 책에서 9차 방정식 해법을 풀어냈고, 암산으로 대부분의 수학 문제를 해결할 정도로 두뇌가 명석했다고 전해집니다. 최소공배수에 관한 이론도 정립했고, 다양한 도형을 사용하여 이론과 응용을 할 수 있도록 했습니다. 두 위인은 백성들의 복잡한 세금 계산과 곡식의 양을 계산하는 등 실생활에 도움이 될 만한 수학 연구도 활발히 했습니다. 이 위인 2명 외에도 수많은 조선 시대 수학자가 우리나라의 발전을 위해 힘썼어요.

한 줄 개념 정리

선생님　조선 시대에도 수학이 무척이나 발전했었단다.

|2부|

분수
: 수포자의 시작과 끝

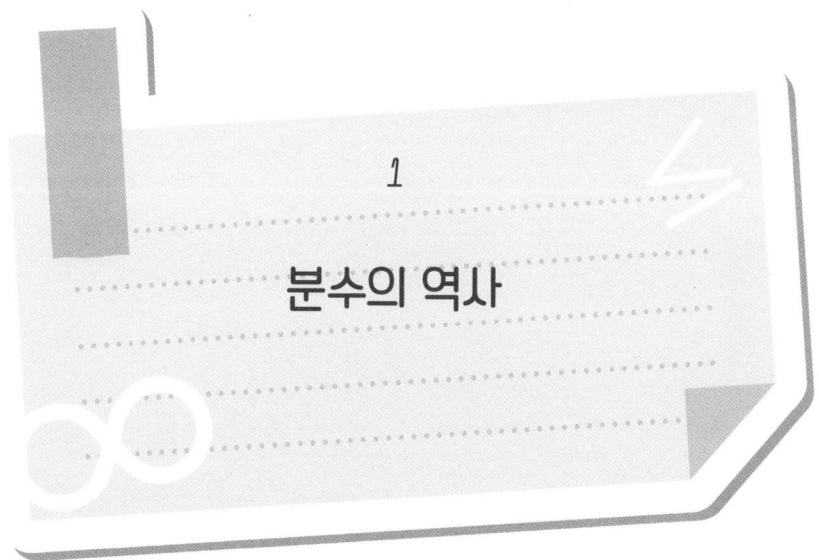

1
분수의 역사

　　1858년 영국의 탐험가 린드는 이집트에서 오래된 두루마리 책 한 권을 발견합니다. 책을 가지고 와 고고학자가 분석한 결과 놀라운 사실을 알게 됩니다. 기원전 1650년경 이집트 수학자 아메스가 쓴 수학책이었던 것이죠. 현재 날짜가 서기(B.C.) 2025년이니까 지금부터 3675년 전에도 분수를 사용했다는 것을 믿을 수 있나요? 참고로 서기(B.C.)는 *Before Christ*로 기원전은 예수가 태어나기 이전을 의미합니다. 기원전 1650년과 기원후 2025년을 합쳐 이같이 계산할 수 있습니다. 이 책에 분자가 1인 분수들을 사용한 흔적들이 발견되었죠. 분수의 역사는 생각보다 길며, 다양한 실생활에서 사용했습니다. 음식을 나누어 먹을 때나 토지를 나눌 때, 다양한 측량이 필요한 상황에서 사용했습니다. 단 지금과 사용법은 좀 달랐습니다. $\frac{3}{4}$을 나타낼 때, $\frac{1}{2}+\frac{1}{4}$로 표현했죠. 고대 이집트에는 파라오 왕권을 보호하는 호루스의 눈이 있었습니다. 이집트 사람들은 태양신 라에게서 왕권을 물려받아 태양을 관장하는 호루스가 파라오와 그의 왕권을 수호한다고 믿었죠.

　고대 이집트에서 부적으로도 쓰였다는 호루스 눈에 있는 분수를 모두 더하면 얼마일까요? $\frac{1}{2}+\frac{1}{4}+\frac{1}{8}+\frac{1}{16}+\frac{1}{32}+\frac{1}{64}=\frac{63}{64}$ 입니다. $\frac{63}{64}$ 은 1과 무척 가까운 수죠. 1이 되기에 부족한 $\frac{1}{64}$ 은 지혜의 신 토트가 채워 준다고 믿었습니다. 이집트의 피라미드를 보면 당시 이집트의 수학, 과학이 생각보다 더 발전했을 수도 있겠다 싶네요.

한 줄 개념 쟁리

여학생　　분수가 이렇게 오래된 지 몰랐어요. 분수 공부 열심히 할게요!

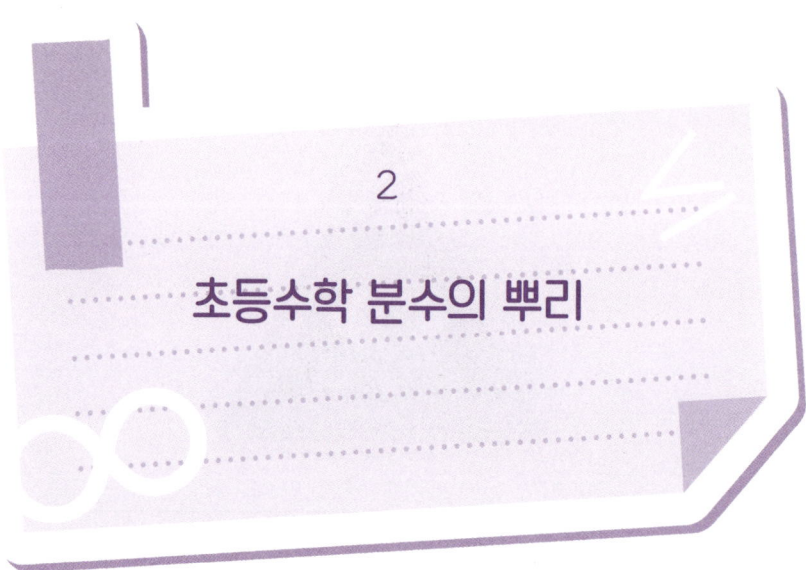

2
초등수학 분수의 뿌리

생활 속 수학

    초등학교에서 처음 분수를 배우면 피자, 사과, $1m$의 종이 띠를 나누는 활동을 합니다. '피자 1판을 4명이 나누어 먹으면 몇 개씩 먹을 수 있을까요?', '사과 10개를 2명에게 나누어 주면 몇 개씩 줄 수 있을까요?', '띠 $1m$를 4개로 나누면 몇 m일까요?' 같은 문제를 풀면서 분수 개념을 익히죠. 우리가 생활에서 충분히 만날 수 있는 사례들이죠. 운동장 한 바퀴는 $100m$인데, 4명이 이어달리기를 하면 몇 m를 뛸 수 있는지도 분수를 활용하면 정답을 알 수 있습니다.

$25m$	$25m$	$25m$	$25m$

개념 쏙~쏙~

초등학교 교육 과정에서 분수는 전체와 부분, 나눗셈의 몫, 비율 총 세 가지를 다룹니다.

첫째, 전체와 부분으로서 분수는 우리가 처음 접하는 분수입니다. $\frac{부분}{전체}$으로 표현하는 분수입니다. 분수로 표시하는 대상은 피자처럼 여러 개로 쪼갤 수 있는 것과 사람, 토끼처럼 쪼갤 수 없는 것을 모두 대상으로 합니다. '사람 10명의 $\frac{1}{2}$은?', '토끼 9마리의 $\frac{1}{3}$은?' 같은 문제가 나옵니다. 사람과 토끼는 쪼개서 생각할 수 없기에 처음에는 헷갈립니다. 나중에 $10 \times \frac{1}{2}$은 $10 \div 2$와 같다는 사실을 배우기 전까지도 종종 틀립니다. 가끔 수학은 말로 풀어서 설명할 때 더 쉽습니다.

선생님   사람 10명의 $\frac{1}{2}$을 말로 풀어서 설명해 보자.

학생   사람을 어떻게 둘로 나누어요? 소중한 생명인데!

선생님   관점을 바꾸어 생각해 보자. 사람 10명을 두 팀으로 나눌 때 한 팀에 몇 명씩처럼 말이야.

학생   이렇게 생각하니 쉽네요.

이 개념을 이해하여 적용하면 $12 \times \frac{2}{3}$가 12개를 3개로 나누면 4개씩 3묶음이 되고, 그중 2묶음인 8이 정답이 됨을 쉽게 알 수 있습니다.

둘째, 나눗셈의 몫으로서 분수는 자연수와 자연수의 나눗셈 결과를 분수로 나타낼 때 결과물로서 몫을 의미하죠. 간단하게 표현하면, 피자 1판을 3명이 나누어 먹으면

1인당 $\frac{1}{3}$씩 먹을 수 있음을 알려 주죠. 여러분이 가지고 있는 과자를 나누어 줄 때, 내가 가지고 있는 돈으로 물건을 몇 개 살 수 있을지 판단할 때도 활용되죠.

선생님 지금 여러분에게 과자 10개가 있어요. 친구 20명에게 나누어 주려고 합니다. 몇 개씩 나누어 줄 수 있나요?

학생 20명에게 $\frac{1}{2}$개씩 나누어 줄 수 있어요.

선생님 맞아요. 이때는 10÷20의 몫인 $\frac{1}{2}$이 정답이에요. $\frac{부분}{전체}$이 아니라 나눗셈의 몫이 분수가 되죠.

셋째, 비율로서 분수는 기준량에 대한 비교량을 나타냅니다. 흰 토끼 3마리와 검은 토끼 10마리가 있을 때, 검은 토끼에 대한 흰 토끼의 비는 3:10이고, 분수로 나타내면 $\frac{3}{10}$입니다. 이 내용을 전체와 부분으로서 분수로 표현하면 $\frac{흰\ 토끼의\ 수}{토끼의\ 수} = \frac{3}{13}$이 됩니다. 하지만 여러분은 전체가 아닌 기준량을 배웁니다. 분모가 전체 토끼가 아닌 검은 토끼로 바뀌게 되죠. 이제 $\frac{부분}{전체}$의 분수에서 $\frac{비교량}{기준량}$으로 개념을 확장합니다.

수학의 원리

학생 선생님! 무슨 말인지 이해하기 어려워요.

선생님 그럴 만도 하지. 쉽게 설명해 줄게. 교실에 남자아이가 10명, 여자아이가 12명 있어. 보통 우리가 아는 분수는 교실에 있는 아이 중 남자아이/여자아이를 표현해. 전체 22명 중 남자아이/여자아이가 몇 명인지 말이야. 교실에 있는 아이들은 남자아이와 여자아이를 모두 합친 인원이지. 따라서 $\frac{부분}{전체}$으로 표현할 수 있고, (부분)은 (전체)에 포함되어 있단다.

학생 오! 여기까지는 이해했어요.

선생님	하지만 여자아이들에 대한 남자아이들을 분수로 나타내면 $\frac{부분}{전체}$이 아니야. 성별이 다르기에 포함 관계가 전혀 없거든. 따라서 $\frac{비교량}{기준량}$으로 표현한다는 뜻이야. 부분이 전체에 포함되지 않는 거지.
학생	우와, 감사해요. 이것을 알면 비와 비율 문제를 풀 때도 큰 도움이 되겠어요.
선생님	하나를 가르쳐 주면 열을 아는구나. 기특해.

한 줄 개념 정리

엄마   분수라고 항상 $\frac{부분}{전체}$은 아니란다.

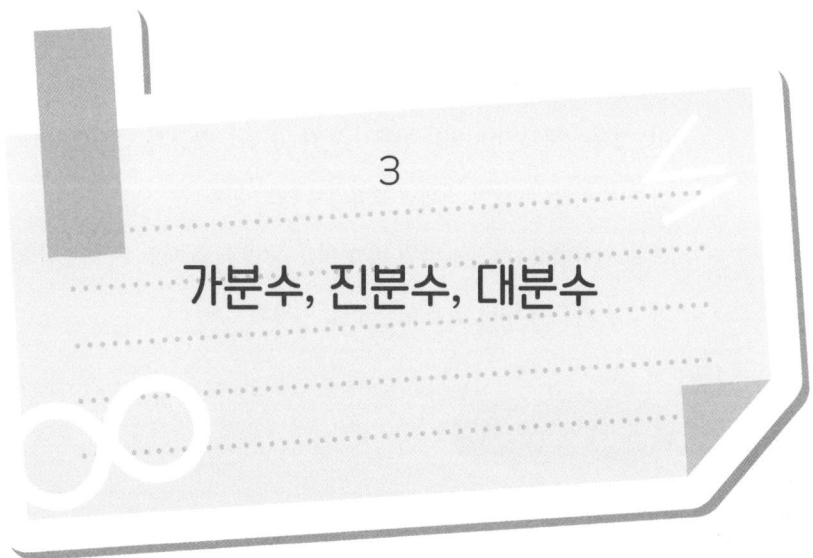

3
가분수, 진분수, 대분수

생활 속 수학

우리의 고전 소설 『옹고집전』에는 옹고집이라는 성격이 고약한 인물이 등장합니다. 도승은 못된 옹고집을 혼내 주려고 허수아비를 만들어 부적을 붙여서는 가짜 옹고집을 만들어 냅니다. 가족조차 진짜와 가짜 옹고집을 구별할 수 없게 되고, 오히려 진짜 옹고집이 벌을 받는다는 내용입니다.

개념 쏙~쏙~

옹고집처럼 분수에도 진짜 분수와 가짜 분수가 있다는 사실을 알고 있나요? 진(眞)분수의 한자 뜻(眞 참 진)은 진짜 분수라는 의미입니다. 분수는 0보다 크고 1보다 작은 수를 표기하려고 만들었기 때문이죠. 가(假)분수의 한자 뜻(假 거짓 가)은 가짜 분수라는 의미입니다. 가분수는 1과 같거나 1보다 크기 때문이죠. 대(帶)분수의 한자 뜻(帶 띠 대)은 분수에 띠를 둘렀다는 의미입니다. 한자 3개만 알아도 서로 헷갈리지 않죠.

우리는 세 가지 개념을 이해하려고 단위 분수를 배웁니다. 단위 분수는 $\frac{1}{5}$처럼 분자가 1인 분수입니다. $\frac{1}{5}$이 2개면 $\frac{2}{5}$고, $\frac{1}{5}$이 3개면 $\frac{3}{5}$이 되죠. 더 나아가 $\frac{1}{5}$이 7개면 $\frac{7}{5}$이 되며, 가분수 개념을 배우고 $\frac{7}{5}=1\frac{2}{5}$를 통해 대분수로 바꿀 수도 있습니다. 단위 분수는 단위보다 작은 부분을 측정하는 데 사용됩니다. 가분수 $\frac{7}{5}$은 전체를 5개로 나눈 것 중에 7개입니다. 5개로 나눈 것은 5개가 전부이므로 7개는 없습니다. 가짜 분수가 되는 거죠.

기본 개념을 이해하면 가분수를 대분수로, 대분수를 가분수로 바꾸어 분수 문제를 해결할 수 있습니다. 그림을 먼저 살펴보면 [그림 1]은 $1\frac{1}{4}$을 표현한 것입니다. [그림 2]도 똑같은 $1\frac{1}{4}$입니다. $\frac{1}{4}$이 총 5개이므로 $\frac{1}{4}+\frac{1}{4}+\frac{1}{4}+\frac{1}{4}+\frac{1}{4}=\frac{5}{4}$로 표현합니다. $\frac{1}{4}$이 4개면 $\frac{4}{4}=1$이 됩니다. 여기에 $\frac{1}{4}$을 더하면 $1\frac{1}{4}$이 됩니다. 결국 $\frac{5}{4}=1\frac{1}{4}$이라는 것을 알 수 있죠.

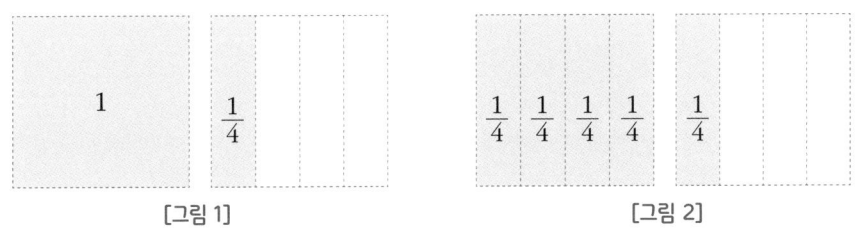

[그림 1]   [그림 2]

가분수를 대분수로 바꾸려면 분자를 분모로 나누면 된다는 식을 유추할 수 있습니다. $5÷4=1⋯1$입니다. 몫을 자연수 부분에 나머지를 분자 부분에 쓰면 되죠. 식으로 간단히 표현하면 (나누어지는 수)÷(나누는 수)=(몫)⋯(나머지)입니다. 앞의 식에서 몫 1과 나머지 1을 올바른 위치에 쓰면 (몫)+$\frac{(나머지)}{(나누는 수)}=1\frac{1}{4}$이 됩니다.

반대로 대분수를 가분수로 바꾸려면 어떻게 해야 할까요? 분모와 몫을 곱한 뒤 나머지를 더하면 분자가 되며, 분모는 그대로 둡니다. 나눗셈을 검산할 때 몫과 나누는 수를 곱하고 나머지를 더하는 것과 동일한 방법이죠. 우선 $1\frac{1}{4}$을 (몫)+$\frac{(나머지)}{(나누는 수)}$로 표현합니다. 나누는 수(분모) 4와 몫 1을 곱하고 나머지(분수)인 1을 더해 주면 5가 됩니다. $1\frac{1}{4}=\frac{5}{4}$로 바꿀 수 있습니다.

선생님   이제 가분수와 대분수를 자유자재로 바꿀 수 있겠구나?

학생   네, 자신 있어요. 대분수 옆에 있는 띠와 분모를 곱하고 분자는 더하면 되는 거죠?

선생님   기특하네. $2\frac{3}{5}$을 가분수로 바꾸어 보렴.

학생   2×5+3이 분자니까 $\frac{13}{5}$이 정답입니다.

한 줄 개념 정리

선생님   진짜 분수 진분수, 머리가 큰 가분수, 띠를 두른 대분수!

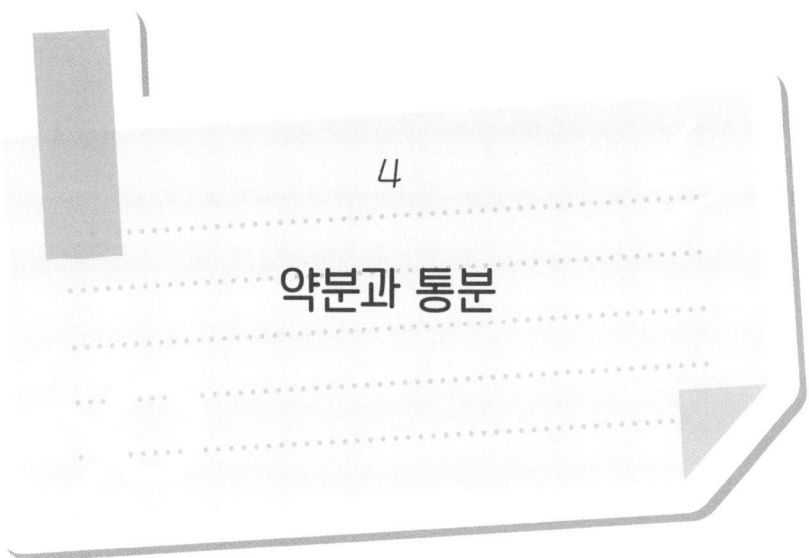

4 약분과 통분

생활 속 수학

피자를 8명이 나누어 먹으려면 8조각으로 나누어 $\frac{1}{8}$ 조각씩 먹으면 되고, 6명이 나누어 먹으려면 6조각으로 나누어 $\frac{1}{6}$ 조각씩 먹으면 됩니다. 이때 피자 $\frac{1}{8}$ 조각과 $\frac{1}{6}$ 조각의 크기는 다르고, 당연히 피자 1판을 6명이 나누어 먹을 때 더 많이 먹을 수 있습니다. 하지만 피자 $\frac{3}{8}$ 조각과 $\frac{2}{6}$ 조각의 크기를 비교한다면 좀 생각이 필요할 수도 있죠. 앞서 배운 어림하기로도 짐작하기가 어렵습니다. 분수의 크기를 비교하기 위해 통분과 약분을 해야 합니다. 옛날 사람들은 가지고 있는 땅을 서로 다른 크기로 나누어 가질 때 사용했을 것이라고 추측이 가능하죠.

개념 쏙~쏙~

교육 과정에서는 자연수의 덧셈을 배우고 난 뒤 분수의 덧셈과 뺄셈을 배웁니다. 분모가 똑같은 분수의 덧셈은 어렵지 않습니다. $\frac{2}{5}+\frac{1}{5}=\frac{3}{5}$ 처럼 분모는 그대로 두고 분자만 더하면 됩니다. 분모가 달라지는 순간부터 난이도가 높아집니다. 분수 막대를 이용하여 수의 크기를 비교하면 통분을 좀 더 쉽게 이해할 수 있습니다. 분모가 다른 분수가 몇 개 있어야 1이 되는지 알 수 있고, $\frac{1}{2}$이 1개 있으면 $\frac{1}{4}$이 2개 있는 것과 같은 크기라는 것도 직관적으로 파악이 가능합니다. 수 감각은 수에 대한 상대적인 크기를 인식하고, 다양한 방법으로 수 체계를 활용하는 방법이에요.

다음 분수 막대표를 보면 숫자 1이 분수로 어떻게 나누어지는지 분수의 크기도 대략적으로 파악이 가능하죠. 분수의 상대적인 크기를 눈에 익히고 크기를 감각적으로 비교할 수 있다면 분수 문제를 좀 더 쉽게 풀 수 있어요.

1
$\frac{1}{2}$ 　　　　$\frac{1}{2}$
$\frac{1}{3}$ 　$\frac{1}{3}$ 　$\frac{1}{3}$
$\frac{1}{4}$ 　$\frac{1}{4}$ 　$\frac{1}{4}$ 　$\frac{1}{4}$
$\frac{1}{5}$ 　$\frac{1}{5}$ 　$\frac{1}{5}$ 　$\frac{1}{5}$ 　$\frac{1}{5}$
$\frac{1}{6}$ 　$\frac{1}{6}$ 　$\frac{1}{6}$ 　$\frac{1}{6}$ 　$\frac{1}{6}$ 　$\frac{1}{6}$
$\frac{1}{8}$ 　$\frac{1}{8}$ 　$\frac{1}{8}$ 　$\frac{1}{8}$ 　$\frac{1}{8}$ 　$\frac{1}{8}$ 　$\frac{1}{8}$ 　$\frac{1}{8}$
$\frac{1}{10}$ 　$\frac{1}{10}$ 　$\frac{1}{10}$ 　$\frac{1}{10}$ 　$\frac{1}{10}$ 　$\frac{1}{10}$ 　$\frac{1}{10}$ 　$\frac{1}{10}$ 　$\frac{1}{10}$ 　$\frac{1}{10}$
$\frac{1}{12}$ 　$\frac{1}{12}$ 　$\frac{1}{12}$ 　$\frac{1}{12}$ 　$\frac{1}{12}$ 　$\frac{1}{12}$ 　$\frac{1}{12}$ 　$\frac{1}{12}$ 　$\frac{1}{12}$ 　$\frac{1}{12}$ 　$\frac{1}{12}$ 　$\frac{1}{12}$

분수 막대표를 보면 $\frac{1}{8}$ 4개는 $\frac{1}{10}$이 5개 있는 것과 크기가 같고, $\frac{1}{4}$이 2개 있는 것과 넓이가 같다는 점을 알 수 있습니다. 약수와 배수에서 배운 최대공약수, 최소공배수 개념을 활용하여 약분과 통분 문제를 해결할 수 있죠. 약분과 통분은 세 가지를 기억하면 됩니다. 기(既)약 분수, 0으로 나눌 수 없음, 분자와 분모에 똑같은 수 곱하고 나누기죠. 우선 기약 분수에는 '이미(既 기)'라는 뜻의 한자가 쓰였습니다. 이미 약분된 분수라는 의미죠. 분자와 분모를 서로 약분할 수 없는 상태로 만들어야 합니다. 통분은 두 분모의 최소공배수로 만들어 주면 편리하게 계산할 수 있답니다.

수학의 원리

선생님 $\frac{8}{12}$을 기약 분수로 만들어 볼까?

학생 8과 12의 공약수는 1, 2, 4니까 2로 나누어 볼게요. $\frac{8 \div 2}{12 \div 2} = \frac{4}{6}$ 입니다. 잘 했죠?

선생님 잘했는데, 기약 분수는 분자와 분모가 나누어질 수 없어야 해. 4와 6은 공약수가 1, 2잖니?

학생 그럼 2로 다시 나눌게요. $\frac{4 \div 2}{6 \div 2} = \frac{2}{3}$ 입니다.

선생님 잘했어. 다음부터는 공약수 1, 2, 4 중에 최대공약수인 4로 나누면 더 편리할 거야.

학생 근데 $\frac{2}{3}$의 분자와 분모를 1로 나누면 똑같이 $\frac{2}{3}$가 나오는데, 0으로 나누면 $\frac{0}{0}$이 나와요. 신기해요. 이렇게 풀면 문제를 빨리 풀 수 있겠어요.

선생님 그렇네! 하지만 아쉽게도 0을 나누는 것은 답이 똑같기에 수학에서는 사용하지 않아요. 기약 분수는 알았으니 이제 통분을 배워 보자.

학생　　통분은 알고 있어요! $\frac{8}{12}+\frac{4}{6}$를 풀려면, 분모 12와 분모 6의 최소공배수인 12로 통분할 수 있어요! $\frac{8}{12}+\frac{4\times2}{6\times2}=\frac{8}{12}+\frac{8}{12}=\frac{16}{12}$이에요. 대분수로 나타내면 $1\frac{4}{12}=1\frac{1}{3}$이죠?

선생님　　청출어람(靑出於藍)이구나. 기특해.

한 줄 개념 갱리

선생님　　분모가 커질수록 점점 작아지는 분수의 특징!

5

분모가 같은 분수의 덧셈과 뺄셈

개념 쏙~쏙~

여러분은 분수의 덧셈과 뺄셈을 어떻게 푼다고 배웠나요? $\frac{3}{4}+\frac{2}{4}$ 를 풀 때, 분모는 그대로 두고 분자만 더한다고 알고 있을 거예요. $\frac{3}{4}$ 은 전체를 4개로 나눈 것에 3개고, $\frac{2}{4}$ 는 전체를 4개로 나눈 것 중에 2개예요. 우리가 $3L-2L$를 1이라 하지 않고 $1L$라고 하는 것처럼 이해할 수도 있어요. 단위를 생략하지 않는 것처럼 전체를 4개로 나눈 기준을 생략하면 안 되거든요. 크기를 비교할 수 있는 기준을 삭제하면 식이 성립할 수 없겠죠? 다시 문제로 돌아가 볼게요. $\frac{3+2}{4}=\frac{5}{4}$ 고, 가분수는 대분수로 고쳐서 $\frac{5}{4}=1\frac{1}{4}$ 로 답을 씁니다. 진분수끼리 덧셈은 앞의 방법으로 간단하게 해결 가능하고, 대분수의 덧셈은 두 가지 방법으로 문제를 해결할 수 있어요.

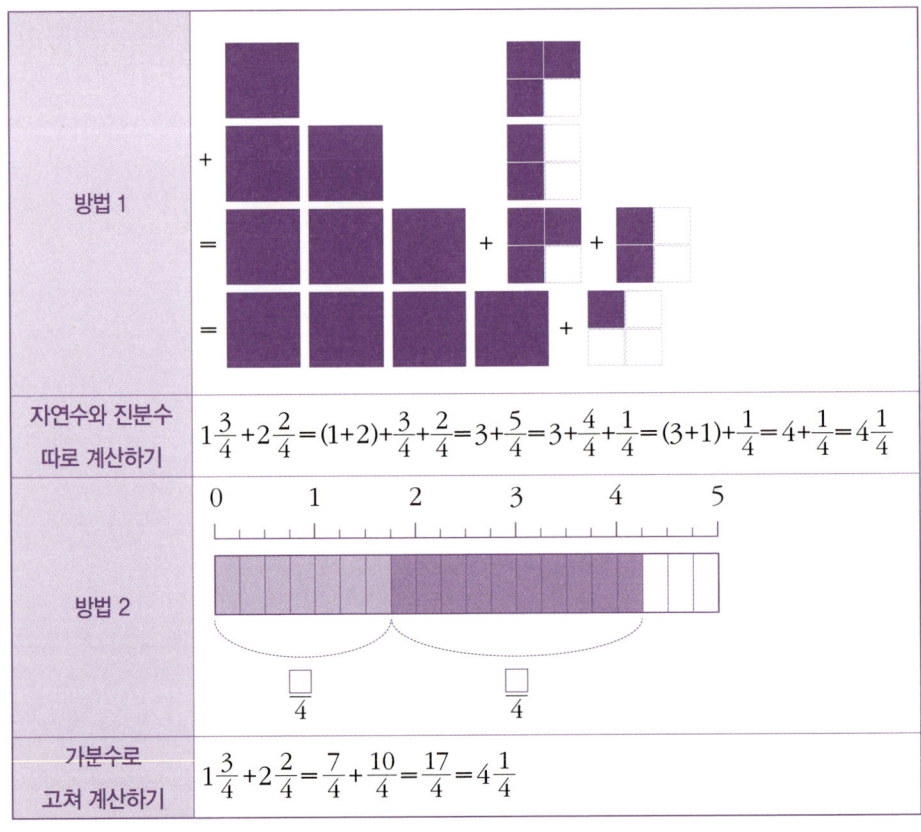

방법 1	
자연수와 진분수 따로 계산하기	$1\frac{3}{4}+2\frac{2}{4}=(1+2)+\frac{3}{4}+\frac{2}{4}=3+\frac{5}{4}=3+\frac{4}{4}+\frac{1}{4}=(3+1)+\frac{1}{4}=4+\frac{1}{4}=4\frac{1}{4}$
방법 2	
가분수로 고쳐 계산하기	$1\frac{3}{4}+2\frac{2}{4}=\frac{7}{4}+\frac{10}{4}=\frac{17}{4}=4\frac{1}{4}$

문제에 따라서 자연수와 진분수를 따로 계산하는 방법이 편할 수도 있고, 가분수로 고쳐서 계산하는 것이 편할 수도 있어요. 분수의 뺄셈은 덧셈보다 다소 복잡해요. 진분수끼리 뺄셈은 상대적으로 간편하죠. $\frac{3}{4}-\frac{2}{4}$ 를 계산할 때, 분모는 그대로 두고 분자만 뺄셈해 주면 됩니다. $\frac{3-2}{4}=\frac{1}{4}$ 이죠. 진분수끼리 뺄셈은 앞의 방법으로 간단하게 해결 가능하고, 대분수의 뺄셈은 덧셈과 마찬가지로 두 가지 방법으로 문제를 해결할 수 있어요.

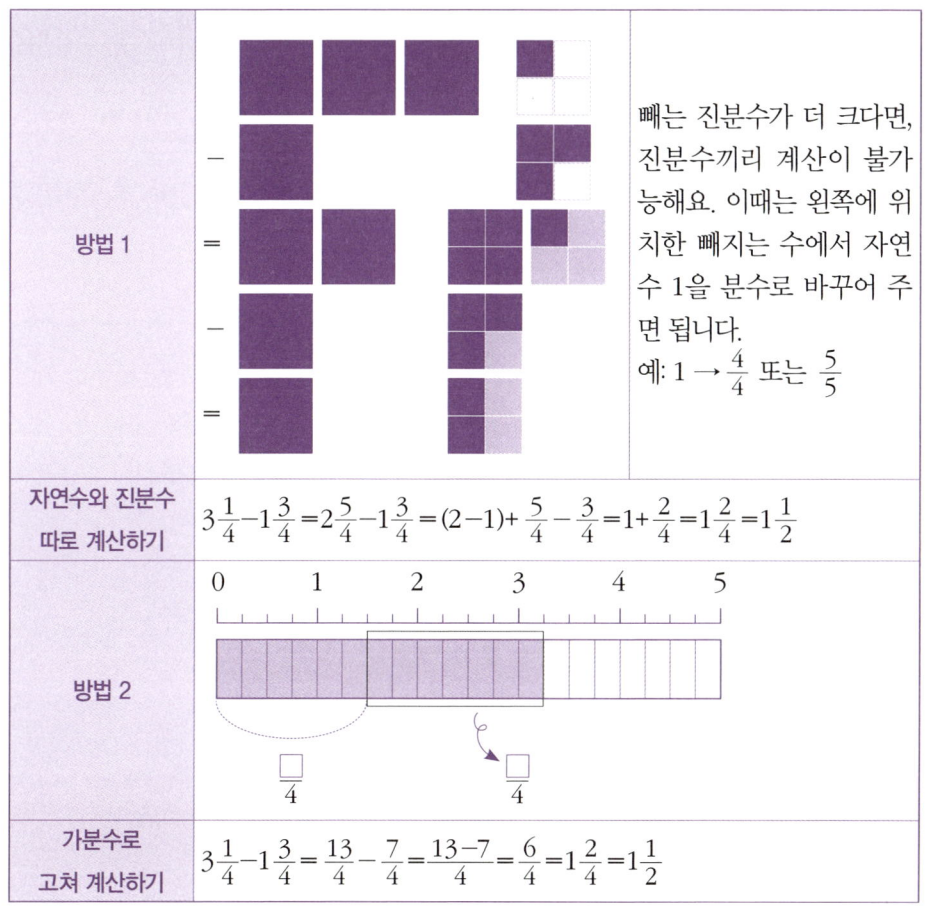

분수의 덧셈과 뺄셈은 반복해서 문제를 풀면서 익숙해지는 것이 중요해요. 간단한 문제 몇 가지만 풀어 볼까요? 다음 문제들을 머릿속으로 암산해서 이해할 수 있다면, 분모가 같은 분수의 덧셈과 뺄셈은 문제없어요.

수학의 원리

문제	정답
① $2\frac{5}{6}+1\frac{4}{6}$	$4\frac{3}{6}$
② $2\frac{3}{6}-1\frac{4}{6}$	$\frac{5}{6}$
③ □ 안에 들어갈 수 있는 가장 큰 자연수는? $\frac{2}{7}+\frac{□}{7}<1$	4
④ 분모가 6인 진분수가 2개 있습니다. 합이 $1\frac{1}{6}$ 이고, 차가 $\frac{1}{6}$ 인 두 진분수를 구하세요.	$\frac{3}{6}, \frac{4}{6}$
⑤ 어제는 주스를 $\frac{6}{8}L$ 마시고, 오늘은 어제보다 $\frac{1}{8}L$ 더 마셨습니다. 어제와 오늘 마신 총 주스양은 몇 L인가요?	$1\frac{5}{8}$

한 줄 개념 정리

여학생　　분모가 똑같은 분수는 분자끼리 더하면 돼요.

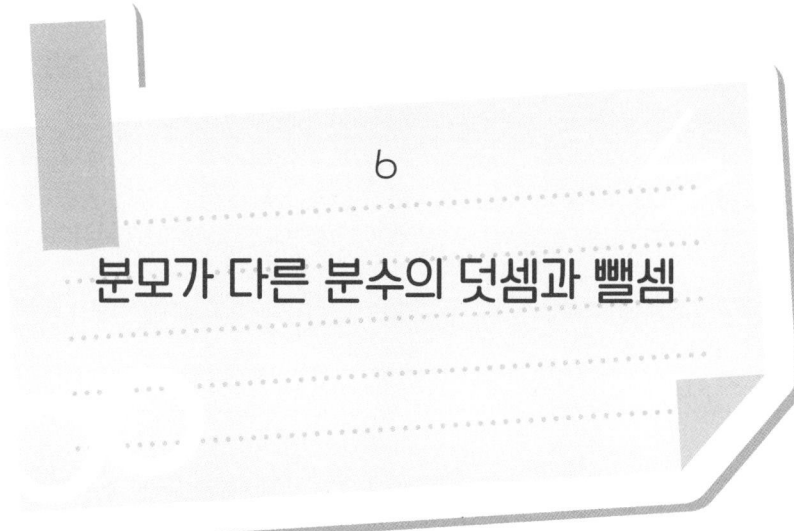

6
분모가 다른 분수의 덧셈과 뺄셈

개념 쏙~쏙~

분모가 다른 분수의 덧셈과 뺄셈을 계산하려면 통분과 약분을 잘 기억해야 해요. 분모가 다르면 기준점이 달라지는 것과 같아서 계산을 할 수 없거든요.

종이 1장을 2장으로 나눈 것과 3장으로 나눈 것은 크기를 비교하기 어려운 것처럼요. 따라서 분모를 똑같게 만들어 계산할 수 있도록 바꾸어 주는 것이 필요해요.

진분수의 덧셈인 $\frac{3}{4}+\frac{4}{6}$를 계산하는 방법은 두 가지가 있어요.

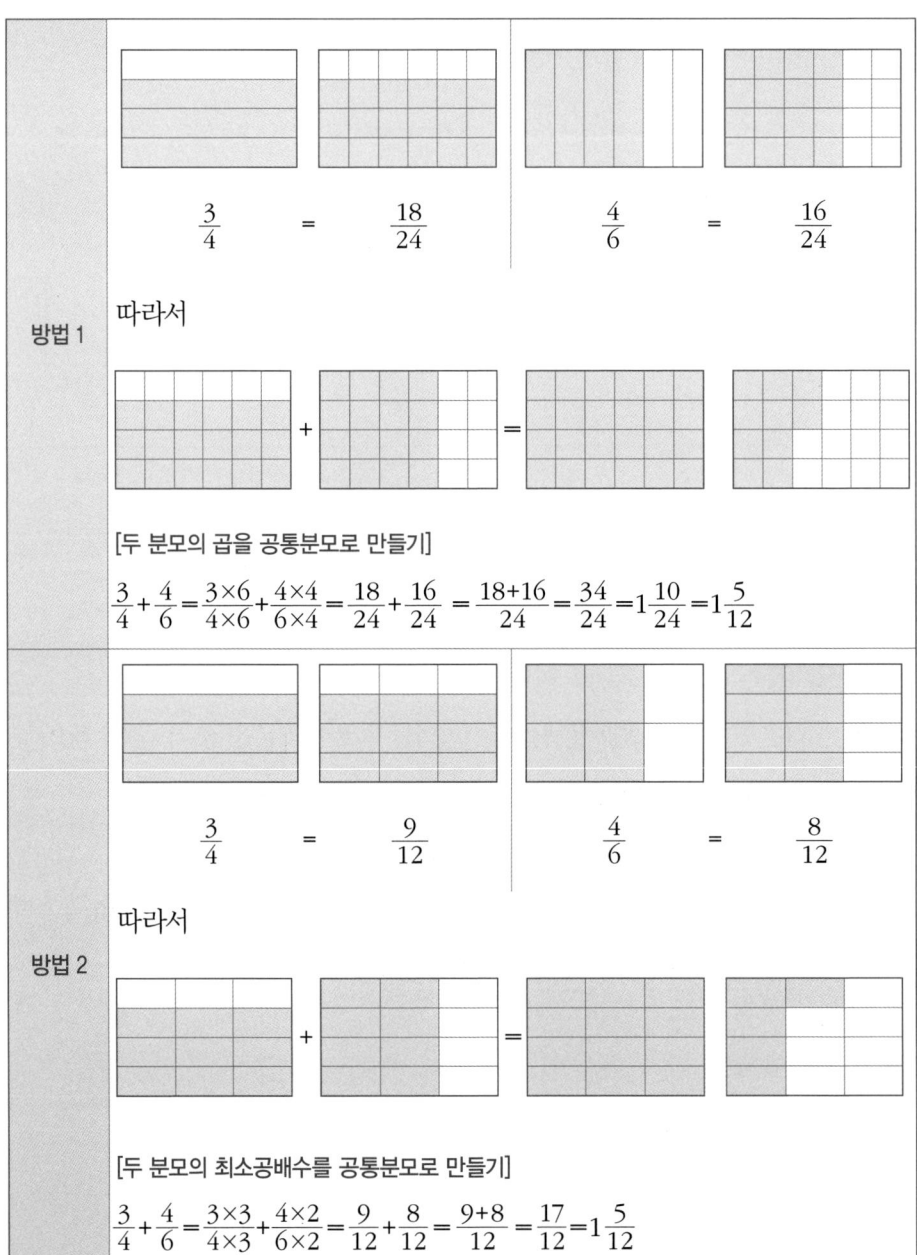

방법 1은 두 분수의 분모끼리 곱셈을 하면 되어 편리하지만, 계산한 결과를 약분해야 해서 계산 중 실수할 가능성이 있어요. 방법 2는 최소공배수 계산에 능숙해지면 계산한 결과를 약분할 필요가 없어 간단하죠. 푸는 문제에 따라서 방법 1과 방법 2를 적절하게 활용할 수 있어요. 최소공배수를 구하기 어려운 분모는 방법 1이 시간을 단축할 수도 있고, 간단한 문제는 방법 2가 더 빠를 수도 있습니다.

대분수의 덧셈은 자연수는 자연수끼리, 분수는 분수끼리 더하는 방법과 대분수를 가분수로 나타내는 방법으로 풀 수 있어요. 간단한 문제로 풀이 과정을 익혀 볼게요.

방법 1	[자연수는 자연수끼리, 분수는 분수끼리 더하기] $1\frac{3}{4}+1\frac{3}{5}=(1+1)+(\frac{3\times5}{4\times5}+\frac{3\times4}{5\times4})=2+\frac{15}{20}+\frac{12}{20}=2+\frac{27}{20}=2+\frac{20}{20}+\frac{7}{20}$ $=(2+1)+\frac{7}{20}=3\frac{7}{20}$
방법 2	[대분수를 가분수로 나타내기] $1\frac{3}{4}+1\frac{3}{5}=\frac{7}{4}+\frac{8}{5}=\frac{7\times5}{4\times5}+\frac{8\times4}{5\times4}=\frac{35}{20}+\frac{32}{20}=\frac{67}{20}=3+\frac{7}{20}=3\frac{7}{20}$

방법 1은 분수를 계산할 때 숫자 계산이 편리한 장점이 있고, 방법 2는 자연수를 따로 계산하지 않아도 한 번에 계산할 수 있는 장점이 있습니다.

진분수의 뺄셈은 다음 표처럼 간단하게 풀 수 있어요. 두 수의 분모끼리 곱셈을 하면 공통분모를 구하기 쉽지만, 때로는 약분을 해야 할 수도 있어요. 방법 2는 분자끼리 뺄셈을 하기 쉽고, 약분을 해야 할 필요가 없죠.

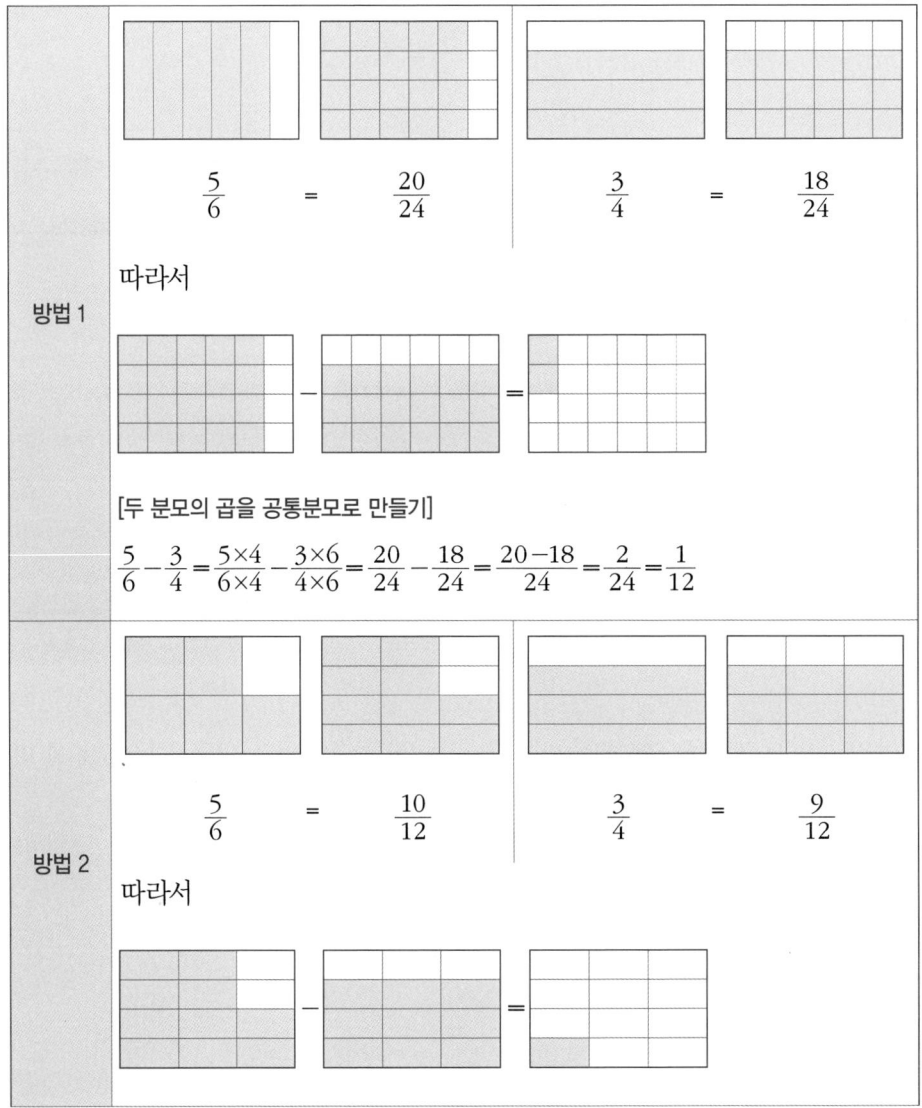

[두 분모의 최소공배수를 공통분모로 만들기]

$$\frac{5}{6} - \frac{3}{4} = \frac{10}{12} - \frac{9}{12} = \frac{1}{12}$$

대분수의 뺄셈도 대분수의 덧셈과 마찬가지로 자연수는 자연수끼리, 분수는 분수끼리 빼는 방법과 대분수를 가분수로 나타내는 방법으로 풀 수 있어요. 간단한 문제로 풀이 과정을 익혀 볼게요.

방법 1	[자연수는 자연수끼리, 분수는 분수끼리 더하기] $2\frac{3}{5} - 1\frac{3}{4} = 2\frac{12}{20} - 1\frac{15}{20} = 1\frac{32}{20} - 1\frac{15}{20} = (1-1) + \frac{32}{20} - \frac{15}{20} = \frac{32-15}{20} = \frac{17}{20}$
방법 2	[대분수를 가분수로 나타내기] $2\frac{3}{5} - 1\frac{3}{4} = \frac{13}{5} - \frac{7}{4} = \frac{52}{20} - \frac{35}{20} = \frac{52-35}{20} = \frac{17}{20}$

방법 1은 분수를 계산할 때 숫자 계산이 편리한 장점이 있고, 방법 2는 자연수를 따로 계산하지 않고 한 번에 계산할 수 있는 장점이 있어요.

분모가 다른 분수의 덧셈과 뺄셈은 반복해서 문제를 풀며 익숙해지는 것이 중요해요. 문제를 틀리면서 배우는 것도 있거든요. 간단한 문제 몇 가지만 풀어 볼까요? 다음 문제들을 머릿속으로 암산해서 이해할 수 있다면, 분모가 다른 분수의 덧셈과 뺄셈은 문제없어요.

수학의 원리

문제	정답
① $2\frac{2}{3} - 1\frac{4}{6}$	1
② $3\frac{1}{3} - 2\frac{1}{2}$	$\frac{5}{6}$
③ □ 안에 들어갈 수 있는 자연수는? $1\frac{1}{2} + \frac{\square}{3} < 2$	1
④ □ 안에 들어갈 수 있는 자연수는? $\frac{1}{\square} - \frac{1}{5} = \frac{1}{20}$	4
⑤ 리본을 만드는 데 파란색 테이프를 $\frac{6}{8}m$, 분홍색 테이프를 $1\frac{3}{4}m$ 사용했습니다. 리본을 만드는 데 사용한 테이프는 모두 몇 m인가요?	$2\frac{1}{2}m$

한 줄 개념 정리

남학생   분모가 다른 분수는 최소공배수로 통분해서 분자끼리 더해요.

7
같은 분모, 다른 분모 곱하기

개념 쏙~쏙~

분모가 같을 때 분수의 덧셈과 뺄셈을 할 수 있습니다. 간혹 $\frac{5}{6}+\frac{3}{6}=\frac{8}{12}$로 계산하는 아이들이 있습니다. 분모는 전체 개수를 표현하는 수이며, 일종의 단위로 이해하면 편리합니다. 피자를 6조각 나눈 것 중에 5조각, 3조각을 더하면 8조각이 됩니다. 피자 1판보다 더 많아지죠. 앞의 셈처럼 계산하면 피자는 1판이 안 됩니다. $\frac{8}{12}$은 피자 1판을 12조각으로 나눈 것 중에 8조각이기 때문이죠. 분수의 곱셈은 (자연수)×(자연수)와 비슷합니다. (자연수) 자리에 (분수)가 대신 들어간 것뿐이죠.

$3 \times 6 = 18$	$\frac{1}{3} \times 6 = 2$
$3+3+3+3+3+3=18$	$\frac{1}{3}+\frac{1}{3}+\frac{1}{3}+\frac{1}{3}+\frac{1}{3}+\frac{1}{3}=2$

동일한 원리로 계산이 가능합니다. 좀 더 일반화하면, (분수)×(자연수)는 분모는 그

대로 두고 분자와 자연수를 곱한다고 이해할 수 있죠. 하지만 분수와 자연수의 위치가 바뀌면 적용이 불가능합니다. $6 \times \frac{1}{3}$을 6을 $\frac{1}{3}$번 더한다는 표현은 좀 어색합니다.

수학의 원리

많은 학생이 10과 $\frac{2}{5}$와 10의 $\frac{2}{5}$를 구별하는 데 어려움을 보입니다. 10과 $\frac{2}{5}$는 $10 \ and\ \frac{2}{5}$이므로 $10+\frac{2}{5}=10\frac{2}{5}$로 표기합니다. 10의 $\frac{2}{5}$는 10을 5개로 나눈 것 중 2개라는 개념으로 답이 4입니다. 여기에서 헷갈리기 시작하면 분수가 무척이나 어려워집니다. 처음 분수를 배울 때처럼 동수누가의 개념이 아닌 × 의미로 생각해야 합니다.

10을 띠 막대로 표현하고 전체를 5로 나누어 2묶음 개수를 세어 봅니다. 이 개념에서 $(10 \times \frac{1}{5}) \times 2 = 4$의 개념으로 이어지죠.

$10 \times \frac{1}{5}$	$10 \times \frac{1}{5}$	$10 \times \frac{1}{5}$	$10 \times \frac{1}{5}$	$10 \times \frac{1}{5}$
2	2	2	2	2

이 개념이 좀 이해가 되었나요? 이제 $3 \times \frac{1}{4}$로 복습해 볼게요. 3을 4로 나눌 수 없기 때문이죠. $3 \times \frac{1}{4}$은 연속량을 4등분하는 개념입니다. 3을 4로 나누어 줍니다. $1m$의 $\frac{1}{4}$은 $\frac{1}{4}m$, $2m$의 $\frac{1}{4}$은 $\frac{1}{4}m$를 2개 더한 $\frac{2}{4}m$, $3m$의 $\frac{1}{4}$은 $\frac{1}{4}$을 3개 더한 $\frac{3}{4}m$가 되죠.

← $1m$ → ← $1m$ → ← $1m$ →

| $\frac{1}{4}m$ | $\frac{1}{4}m$ | $\frac{1}{4}m$ | $\frac{1}{4}m$ | $\frac{1}{4}m$ | $\frac{1}{4}m$ | $\frac{1}{4}m$ | $\frac{1}{4}m$ | $\frac{1}{4}m$ | $\frac{1}{4}m$ | $\frac{1}{4}m$ | $\frac{1}{4}m$ |

이 계산이 익숙해지면 (분수)×(분수)도 쉽게 이해할 수 있습니다. $\frac{1}{2} \times \frac{1}{4}$은 연속량 $\frac{1}{2}$을 4등분 하는 개념입니다. 문제로 이해해 볼까요?

밭 전체 중 $\frac{1}{2}$에는 과일을 심고 과일 밭의 $\frac{1}{4}$에는 사과를 심었을 때, 사과를 심은 곳은 전체의 얼마일까요? 다음 색칠한 $\frac{1}{2}$ [그림 3]은 밭 전체 중 과일을 심은 부분입니다. 과일을 심은 곳의 $\frac{1}{4}$ [그림 4]에는 사과를 심었습니다. 전체로 보면 밭 전체의 $\frac{1}{8}$에 사과를 심게 되죠.

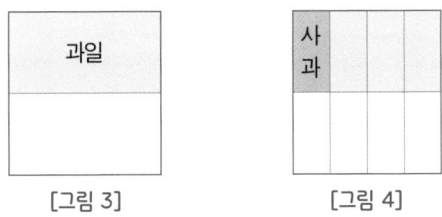

(진분수)×(진분수)도 비슷한 그림 모형으로 이해할 수 있습니다. 밭 전체 중 $\frac{2}{3}$에는 과일을 심고 과일 밭의 $\frac{2}{5}$에는 사과를 심었을 때, 사과를 심은 곳은 전체의 얼마일까요? 다음 색칠한 $\frac{2}{3}$ [그림 5]는 밭 전체 중 과일을 심은 부분입니다. 과일을 심은 곳의 $\frac{2}{5}$ [그림 6]에 사과를 심었습니다. 전체로 보면 밭 전체의 $\frac{4}{15}$에 사과를 심게 되죠. 이 개념에서 분수와 분수를 곱하면 답이 더 작아지고, 결국 분모는 분모끼리, 분자는 분자끼리 곱하는 계산을 이해하며 풀 수 있습니다.

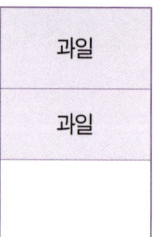

[그림 5]　　　　　[그림 6]

한 줄 개념 정리

여학생　　진분수는 곱할수록 값이 작아지는 특징이 있어요.

8
같은 분모, 다른 분모 나누기

개념 쏙~쏙~

분수를 다 배운 아이들은 문제를 만나면 깊은 고민에 빠집니다. 이 문제를 분수끼리 더하는지, 빼는지, 곱하는지, 나누는지 확실하지 않습니다.

(분수)÷(자연수)는 모두 (분수)×$\frac{1}{(자연수)}$로 바꾸어 간단하게 풉니다. 계산은 간단하지만, 이해하기는 쉽지 않죠. 사과 $\frac{3}{4}$개가 있는데 3명에게 나누어 주는 상황이라면, 사과를 $\frac{1}{4}$개씩 세 접시에 나누어 담아 3명에게 줄 수 있습니다. 하지만 사과 $\frac{3}{4}$개를 6명에게 나누어 준다면 좀 더 복잡해집니다. 기존에 나누어 놓은 사과를 6명에게 나누어 줄 수 없기 때문이죠. 4개로 쪼개 놓은 사과를 한 번 더 쪼개야 합니다. 조각 4개로 나눈 사과를 한 번씩 더 쪼개어 8조각으로 나눕니다. 그러면 이제야 사과를 $\frac{1}{8}$개씩 나누어 줄 수 있습니다. 하지만 매번 그림을 그려 문제를 해결할 수는 없습니다. 문제 그대로 식을 만들어 보면 $\frac{3}{4}÷3=\frac{3÷3}{4}$과 같기에 $\frac{3}{4}÷3=\frac{1}{4}$이 됩니다. 마찬가지로 $\frac{3}{4}÷3=$

$\frac{1}{4}=\frac{3}{4}\times\frac{1}{3}$ 입니다. 이 과정을 거쳐 소수도 좀 더 쉽게 이해할 수 있습니다. $0.3\div3=\frac{3}{10}\div3=\frac{3\div3}{10}=0.1$처럼 소수의 나눗셈 계산에도 활용 가능합니다.

이제 어느 정도 분수가 익숙해지면 연산 문제는 걱정이 없습니다. 하지만 실생활 문제가 나오면 상황이 어려워지기 시작하죠.

'우유 $\frac{1}{4}L$는 우유 $\frac{1}{12}L$의 몇 배인가요?', '영호의 텃밭 넓이는 $5\frac{1}{2}m^2$입니다. 가로 길이가 $3m$일 때, 세로 길이는 몇 m인가요?' 같은 문제들이죠. 나눗셈은 간단합니다. '(나누어지는 수)÷(나누는 수)=(구하는 수)'입니다. 답이 맞는지 확인해 보려면, (나누는 수)×(구하는 수)=(나누어지는 수)를 확인해 보면 됩니다.

첫 번째 문제, 우유 문제의 풀이는 $\frac{1}{4}\div\frac{1}{12}=3$배, 텃밭 문제의 풀이는 $5\frac{1}{2}\div3=\frac{11}{6}$입니다. 우유 문제를 검산해 볼까요? $\frac{1}{12}\times3=\frac{1}{4}$로 검산해 볼 수 있습니다. 표로 나타내면 좀 더 쉽게 이해할 수 있어요. 원리를 이해했다면, (÷) → (=)로, (=) → (×)로 바꾸어 주면 검산도 빨리할 수 있답니다.

$\frac{1}{4}$	÷	$\frac{1}{12}$	=	3
나누어지는 수	⇩	나누는 수	⇩	구하는 수
$\frac{1}{4}$	=	$\frac{1}{12}$	×	3

수학의 원리

 분수를 이해하고 나서 문제를 풀 때 가장 혼란스러운 부분이 바로 단위 변환입니다. '막대 $\frac{2}{3}m$의 무게가 $\frac{3}{4}kg$일 때, 막대 $1kg$의 길이는?' 같은 문제는 분수를 올바르게 이해해도 해결하기 쉽지 않습니다. 우선 막대 $\frac{3}{4}kg$을 $1kg$으로 바꾸려면 $\frac{3}{4}$을 3개로 쪼갠 뒤 네 번을 곱해 줍니다. 식으로 나타내면 $\frac{3}{4} \div 3 \times 4$죠. 간단히 나타내면 $\frac{3}{4} \times \frac{4}{3}$입니다. 무게에 $\frac{4}{3}$를 곱해 $1kg$을 만들어 주었으니, 길이에도 $\frac{4}{3}$를 똑같이 곱하면 답을 알 수 있겠죠?

막대 무게	막대 길이
$\frac{3}{4}kg \Rightarrow 1kg$ $\times \frac{4}{3}$	$\frac{2}{3}m \times \frac{4}{3} = \frac{8}{9}m$

> **한 줄 개념 정리**

선생님 분수의 곱셈 문제를 풀고 검산을 할 때는

(나누는 수)×(구하는 수)

| 3부 |

소수

: 수학에는 자리 값이 있다

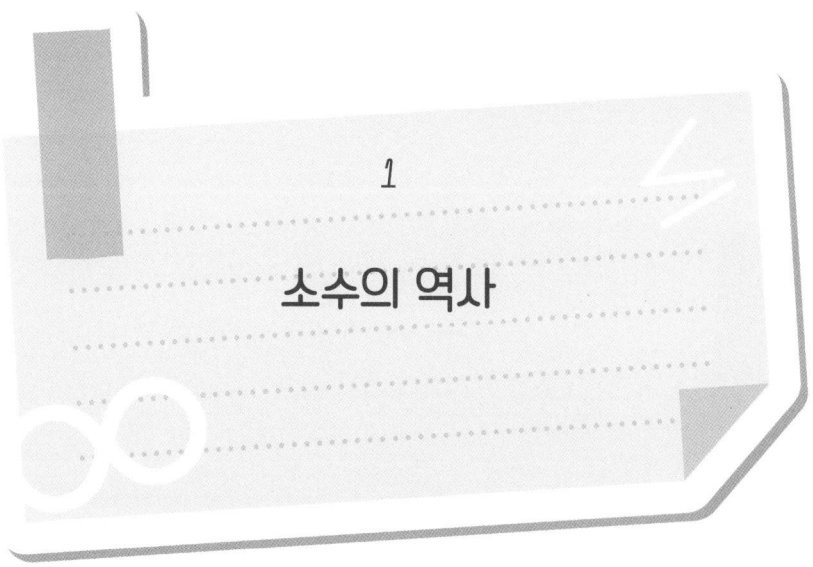

1 소수의 역사

분수는 무려 3000년 전부터 이집트에서 사용했어요. 우리가 사용하는 소수는 300년밖에 되지 않았어요. 고대 바빌로니아 사람들은 지금 사용하는 분수의 개념과 십진법을 합친 방법이 아닌 육십진법 소수를 사용했어요. 우리가 사용하는 소수는 분모가 10을 기준으로 하지만, 육십진법은 분모가 60을 기준으로 하죠. 당시에는 육십진법이 일반적이라 분모를 표시하지 않으면 분모는 60으로 이해했다고 해요. 따라서 소수를 이 시기부터 사용했다고 보기는 어렵죠. 현재 남아 있는 육십진법은 시계가 있습니다. 60분이 1시간이라는 개념이 처음에는 이해하기 쉽지 않죠. 지금 여러분이 60진법을 새롭게 배운다면 소수가 무척이나 헷갈릴 거예요.

지금처럼 십진법을 사용하는 소수는 언제부터 사용했을까요? 바로 벨기에 사람인 시몬 스테빈이 발견했어요. 그는 젊을 때 상점에서 일을 하고, 이를 바탕으로 네덜란드 군에 입대해서 회계 장교로 근무하던 중 돈을 계산하면서 불편함을 느꼈어요. 전쟁을

벌일 때 다른 나라에서 돈을 빌리면 이자를 내야 하죠. 무기를 살 때도 바로 돈을 지불하지 못하면 이자를 더 내야 하겠죠? 하지만 이자를 지불하는 데 너무 머리가 아픈 거예요. 그때는 단위 분수만 사용했기에 빌린 돈에 단위 분수를 곱하면 돈이 정확히 나누어떨어지지 않았어요. 간단히 표현하면 1만 원을 3명한테 나누어 줄 때, $10000 \times \frac{1}{3}$로 계산하면 얼마씩 주어야 할까요? 정말 골치 아플 만하죠? 그래서 시몬 스테빈은 소수를 사용하게 되었어요. 처음에는 소수 3.124를 3⓪1①2②4③로 나타냈어요. ⓪은 소수점이고 ①②③은 소수점 ○째 자리를 표현했어요. 이후 여러 학자가 현재처럼 3.124로 표기하게 되었죠. 소수를 사용하고 나서 현실에서는 소수를 널리 사용하기 시작했어요. 샤프심도 0.3mm로 표기하고, 야구 선수의 타율에도 소수를 사용하고, 우주선의 궤도 설정이나 착륙 지점을 설정할 때도 소수를 사용해서 계산하죠. 소수를 열심히 공부해야겠죠? 재미있는 점은 소수점을 표현하는 방식은 나라마다 좀 달라요. 우리나라와 일본 등 대부분의 아시아 국가와 미국 등에서는 소수를 3.124로 표기하지만 영국에서는 3·124, 독일과 프랑스에서는 3,124로 표현합니다. 나중에 외국에 갈 기회가 있다면 한번 확인해 보는 것도 재미있을 것 같네요.

한 줄 개념 정리

엄마　　다음에 외국에 가면 소수가 어떻게 쓰이는지 보고 오자구나.

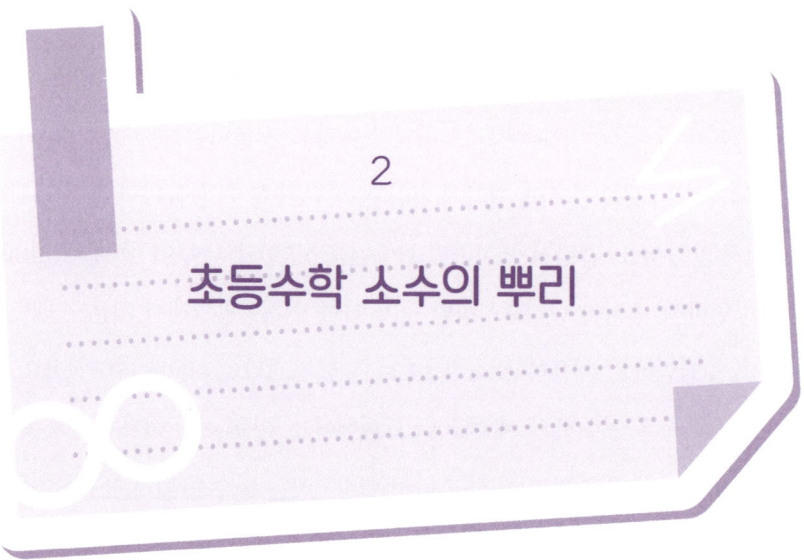

초등수학 소수의 뿌리

개념 쏙~쏙~

'소수는 소수점 위치만 알면 되기에 분수보다 쉬워요!'라고 말하는 친구가 많아요. 분수의 사칙 연산 문제가 워낙 헷갈려서 고생을 많이 했기 때문이겠죠? 소수는 좀 더 편리한 점이 있어요. 학교에서는 $1cm=10mm$를 배우고 이를 활용해서 소수를 배웁니다. $1mm$가 10개 모이면 $1cm$가 되기 때문이죠. 이제 분모가 10인 진분수와 수직선이 등장하죠. 분모가 10인 진분수와 소수를 비교해 보면서 빈칸을 채우면 문제를 금방 해결할 수 있습니다.

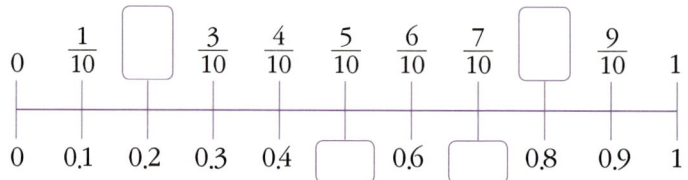

이제 개념을 좀 더 넓혀 가며 1칸이 $\frac{1}{10}$이고, 0.1과 같다는 사실을 배웁니다. $\frac{1}{10}$이 5칸이면 $\frac{5}{10}$인 것처럼 0.1이 5칸이면 0.5가 되죠. 10칸이 다 모이면 $\frac{1}{10} \times 10 = 1$이 되고 0.1×10＝1.0이 됩니다.

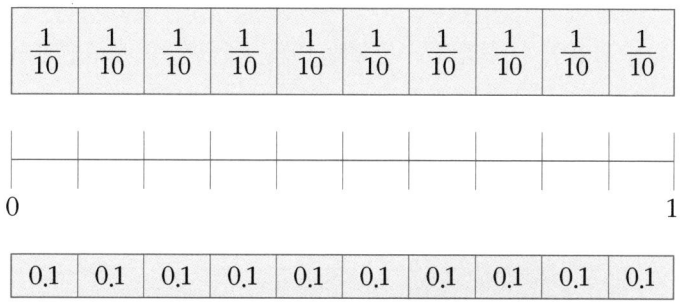

기초를 익혔다면, 소수의 자리 값을 익히고 크기를 비교합니다. 소수 사이의 관계를 지도할 때 다음 표를 익히면 좀 더 편리합니다.

1	의	$\frac{1}{10}$	은	0.1
1	의	$\frac{1}{100}$	은	0.01
1	의	$\frac{1}{1000}$	은	0.001

⇨

0.1	의	$\frac{1}{10}$	은	0.01
0.1	의	$\frac{1}{100}$	은	0.001

⇨

0.01	의	$\frac{1}{10}$	은	0.001

반대 과정도 표를 활용하여 반복적으로 익히면 소수 자리 값의 변화를 쉽게 인식할 수 있습니다.

0.001	의	1000배	는	1
0.01	의	100배	는	1
0.1	의	10배	는	1

0.001	의	1000배	는	1
0.001	의	100배	는	0.1
0.001	의	10배	는	0.01

소수는 표기 체계가 자연수와 매우 흡사해요. 자연수의 사칙 연산을 알고 자릿수 개념만 익히면 편리하게 계산할 수 있답니다. 소수는 영어로 $decimal\ fraction$이라고 불러요. 뜻을 풀어서 생각하면, $decimal$(십진) $fraction$(분수)이라는 의미죠. 즉, 소수는 십진법의 거듭제곱을 활용하여 십진법 자리가 하나씩 올라갈 때마다 10배씩 커지는 기수법을 활용한 분수입니다. 분모를 10의 거듭제곱으로 표현하여 $\frac{1}{10}$, $\frac{1}{100}$, $\frac{1}{1000}$, $\frac{1}{10000}$처럼 표현한 수가 바로 소수입니다.

한 줄 개념 정리

남학생   소수점 몇째 자리수인지 확인하면 $0.1=\frac{1}{10}$, $0.01=\frac{1}{100}$처럼 쉽게 바꿀 수 있어요!

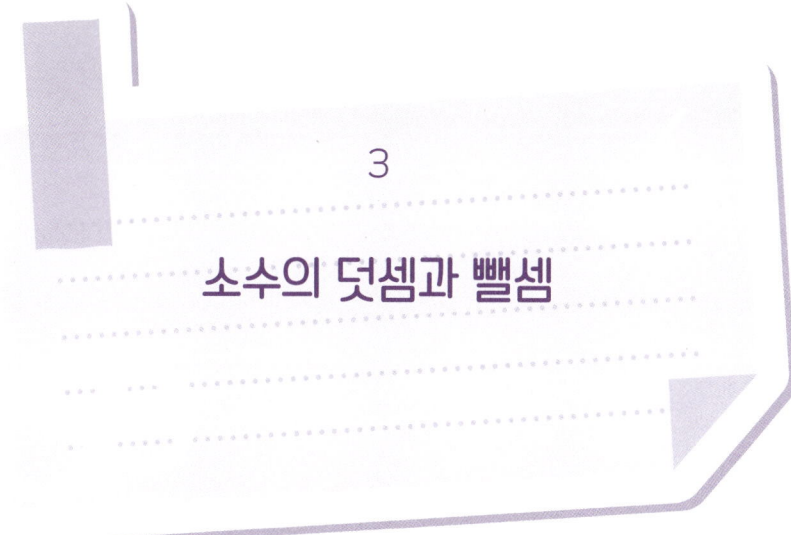

3
소수의 덧셈과 뺄셈

개념 쏙~쏙~

　소수를 읽고 소수의 자릿수까지 익히면, 덧셈과 뺄셈을 해결할 준비가 되었습니다. 소수 3.46을 올바르게 쓰고 읽고 난 뒤 소수를 분수로, 분수를 소수로 변환해 볼게요. 소수의 계산은 분수의 계산보다 편리합니다. 분수를 더하고 뺄 때는 분모를 똑같이 만들어 주는 통분을 꼭 해야 합니다. 소수는 자리 값만 올바르게 위치하여 계산하면 되니 더 편리합니다. 0.1과 0.01을 더하면 0.11이 됩니다. 통분을 하지 않고 자리 값만 찾아내면 계산이 편리하죠. 0.4와 0.05를 더할 때도 0.45로 바로 구할 수 있습니다. 80쪽처럼 소수를 읽고 쓰는 데는 큰 문제가 없겠죠? 3.46을 '삼 점 사십육'으로 읽으면 안 됩니다.

소수	3	.	4	6
	일의 자릿수		소수 첫째 자릿수	소수 둘째 자릿수
쓰기	3.46			
읽기	삼 점 사육			

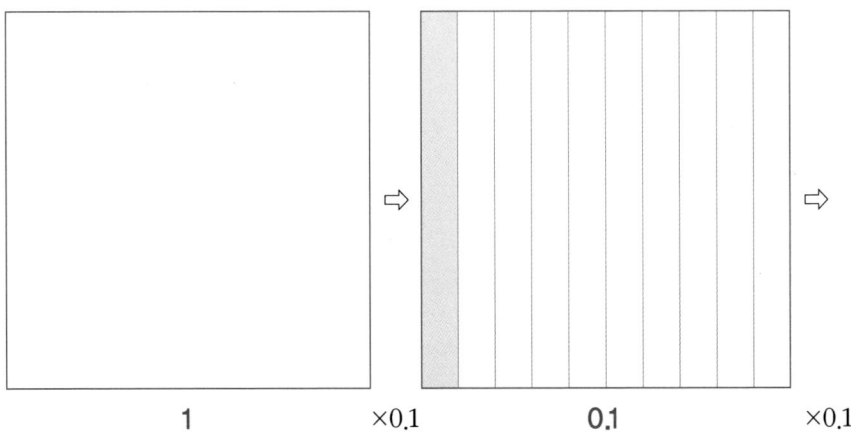

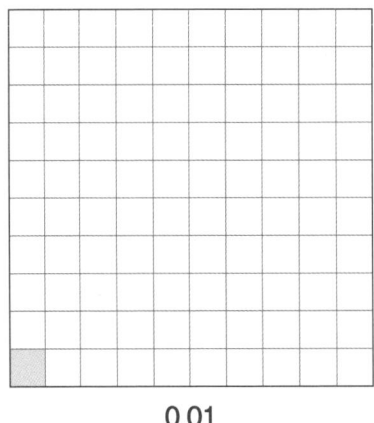

 1과 0.1, 1과 0.01, 0.1과 0.01을 모눈종이 크기로 비교하면 한눈에 크기 비교가 가능합니다. 소수를 계산할 때는 자연수의 덧셈, 뺄셈과 동일합니다. 받아올림과 받아내

림도 모두 동일하죠. 단 소수의 덧셈과 뺄셈에서는 절대 소수점 위치를 바꾸지 않는다는 점 기억해 주세요.

		1			
	1	7	.	3	1
+		9	.	4	2
	2	6	.	7	3

	10	10	10	
	$\cancel{1}_0$	$\cancel{7}_6$	.	$\cancel{3}_2$	1
−		9	.	4	2
		7	.	8	9

수학의 원리

학생   선생님, 소수는 자연수와 똑같아서 계산하기 쉬워요.

선생님   그렇지? 자리 값만 잘 찾아내면 된단다.

학생   그런데 0.2랑 0.20 중 뭐가 더 커요?

선생님   둘이 똑같은데 뭐가 더 크냐니? 0.2는 $\frac{2}{10}$고 0.20은 $\frac{20}{100}$이잖니. 약분해 보렴.

학생   충격…… 똑같네요?

선생님   그렇고말고. 그럼 소수의 크기 비교하기 연습해 보고 수업을 마치자구나. 42.135와 43.012 중에 더 큰 소수는?

학생   43.012가 자연수 부분이 더 크니까 당연히 더 크죠.

선생님   그러면 0.47과 0.51은?

학생   당연히 0.51이 크죠. 자연수 부분이 같으면 소수 첫째 자릿수가 큰 쪽이 더 큰 소수예요.

선생님   마지막 문제다! 0.312와 0.365 중에 더 큰 소수는?

학생　　음, 0.365예요. 소수 첫째 자릿수까지 같으면 소수 둘째 자릿수가 큰 쪽이 더 큰 소수니까요!

선생님　　잘했어.

한 줄 개념 정리

아빠　　소수의 덧셈은 자리 값만 알면 문제없어!

4 소수의 곱셈과 나눗셈

개념 쏙~쏙~

　곱하면 곱할수록 더 작아지는 수가 있다? 그런 수를 배운 적 없다는 이야기가 책 너머로 들리네요. 정답은 소수인데 상황에 따라 아닐 수도 있습니다. 일반적으로 사용하는 소수 정의는 0보다 크고 1보다 작은 수입니다. 0.3, 0.33, 0.387, 0.46667, 0.9999 등 셀 수 없이 많죠. 분수의 정의를 떠올려 볼까요? 분수는 1보다 크면 가짜 분수라고 하여 가분수, 1보다 작으면 진짜 분수이므로 진분수라고 합니다. 그럼 소수도 1보다 크면 가소수, 1보다 작으면 진소수라고 할까요? 아쉽게도 소수는 가소수, 진소수라고 하지 않고 1보다 큰 소수라고 합니다. 1보다 큰 소수는 문제를 풀 때 자주 만날 수 있죠. 따라서 1보다 작은 소수들은 곱할수록 작아지지만, 1보다 큰 소수들은 곱하면 더 커지죠. 소수의 곱셈은 두 가지 방법으로 풀 수 있어야 헷갈리지 않습니다. 분수의 곱셈 활용, 자연수의 곱셈 활용이죠.

분수의 곱셈 활용	자연수의 곱셈 활용
$1.38 \times 3 = \frac{138}{100} \times 3 = \frac{138 \times 3}{100}$ $= \frac{414}{100} = 4.14$	$138 \quad \times \quad 3 \quad = 414$ $\Downarrow \times \frac{1}{100}\text{배} \qquad \Downarrow \times \frac{1}{100}\text{배}$ $1.38 \quad \times \quad 3 \quad = 4.14$
$0.8 \times 0.07 = \frac{8}{10} \times \frac{7}{100} = \frac{56}{1000} = 0.056$	$8 \quad \times \quad 7 \quad = 56$ $\Downarrow \times \frac{1}{10}\text{배} \quad \Downarrow \times \frac{1}{100}\text{배} \quad \Downarrow \times \frac{1}{1000}\text{배}$ $0.8 \quad \times \quad 0.07 \quad = 0.056$

    곱의 소수점 위치는 두 소수의 소수점 아래 자릿수의 합만큼 결과 값의 소수점 아래 자릿수가 정해집니다. 1.7은 소수점 아래 자릿수가 1, 0.03은 소수점 아래 자릿수가 2입니다. 소수점 아래 자릿수를 모두 합치면 3이 되어 정답은 0.051이 됩니다. 다음 표를 눈에 익히면 소수점 위치를 찾는 규칙을 익힐 수 있죠.

1.7×3	=	5.1
1.7×0.3	=	0.51
1.7×0.03	=	0.051

17×0.3	=	5.1
17×0.03	=	0.51
17×0.003	=	0.051

0.17×3	=	0.51
0.17×0.3	=	0.051
0.17×0.03	=	0.0051

여러분은 실생활에서 소수를 나누어 본 적이 있나요? 아마도 쉽게 생각나지 않을 거예요. 화분에 심을 흙을 나누어 담을 때 무게, A4용지를 반으로 자를 때, 빵에 넣을 설탕과 버터를 소분할 때도 소수의 나눗셈이 활용됩니다. 몰랐던 사실이죠? 우리는 분수의 나눗셈과 자연수의 나눗셈을 활용한 방법으로 소수의 나눗셈을 배울 거예요.

분수의 나눗셈 활용	자연수의 나눗셈 활용
$2.6 \div 2 = \frac{26}{10} \div 2 = \frac{26 \div 2}{10} = \frac{13}{10}$ $= 13 \times 0.1 = 1.3$	$26 \div 2 = 13$ $\Downarrow \times \frac{1}{10}$배 　　　　$\Downarrow \times \frac{1}{10}$배 $2.6 \div 2 = 1.3$
$4.5 \div 0.9 = \frac{45}{10} \div \frac{9}{10} = 45 \div 9 = 5$	$45 \div 0.9 = 50$ $\Downarrow \times \frac{1}{10}$배 　　　　$\Downarrow \times \frac{1}{10}$배 $4.5 \div 0.9 = 5$

수학의 원리

선생님 　소수의 곱셈과 나눗셈의 다른 점을 찾았니?

학생 　네! 소수의 나눗셈은 나누어지는 수에 10배를 하면 나누는 수에 똑같이 10배를 하네요?

선생님 　그렇지. 그것이 바로 소수의 곱셈과 다른 점이야.

학생 　그러면 $2.7 \overline{) 6.78}$ 문제를 풀 때, 나누어지는 수와 나누는 수 모두 소수점을 이동할 수 있겠어요.

선생님 　맞아. 2.7과 6.78에 모두 10배를 곱해 주면 $27 \overline{) 67.8}$ 로 바뀌지.

학생　제가 풀어 볼게요. 27) 67.80　그런데 나누어떨어지지 않아요. 도와주세요.
$$\begin{array}{r} 54 \\ \hline 138 \\ 135 \\ \hline 30 \\ 27 \\ \hline 3 \end{array}$$

선생님　소수는 나누어떨어지지 않을 수도 있어. 그럴 때는 소수점 아래 둘째 자리까지 구하고 몫을 구해. 소수점 아래 둘째 자리까지 구해 볼래?

학생　그러면 몫이 2.51이고 나머지는 3이에요!

선생님　정말 나머지가 3이라고 생각해? 67.80의 소수점 위치를 잘 볼래?

학생　아! 0.03이에요.

선생님　그렇지. 나눗셈은 검산이 중요해. 네가 계산한 몫과 나누는 수를 곱하고 나머지를 더해야지. 방금 푼 문제에서는 2.51×27+0.03을 구하는 거야.

학생　딱 67.8이 나와요. 감사합니다.

선생님　이해를 잘하니 특별히 하나 더 설명해 줄게. 방금 푼 문제를 계속 계산해 보면 몫이 2.51111111…처럼 나올 거야. 1이 무한히 반복되는 수를 무한 소수라고 한단다. 중학교에서 배우지만 이름 정도는 알려 줄게.

수학은 힘이 세다

　무한 소수는 소수점 아래에 0이 아닌 수가 셀 수 없을 정도로 많은 소수입니다. 무한 소수는 순환 소수와 무리수로 나뉩니다. 순환 소수는 0.33333, 0.123123123처럼 소수점 아래의 어떤 자리에서 0이 아닌 일정한 숫자의 배열이 끝없이 반복되는 무한 소수를 의미해요. 무리수는 숫자 배열에 특별한 규칙이 없는 특징을 보이죠. 예를 들어

0.321234554231…처럼 말이죠. 나중에 중학교에 가면 순환 소수를 분수로 바꾸는 것도 배운다고 하니 기대가 되죠?

한 줄 개념 정리

엄마   소수의 곱셈은 소수점 아래의 자릿수를 모두 합치면 된단다.

5

소수로 바꿀 수 있는 분수

개념 쏙~쏙~

소수는 0.1, 0.23, 0.341을 $\frac{1}{10}$, $\frac{23}{100}$, $\frac{341}{1000}$처럼 분모를 10, 100, 1000으로 바꿀 수 있습니다. 반대로 분수를 소수로 바꾸려면 분모를 10, 100, 1000으로 바꿀 수 있어야 하죠. 수학 문제를 풀 때는 이해력과 활용력, 빠른 연산이 필수입니다. 빠른 연산을 위해 10, 100, 1000이 어떤 수의 곱으로 이루어졌는지 살펴보아야죠. 그러면 문제를 재빨리 해결하고 더 어려운 문제에 시간을 할애할 수 있거든요. 분모들의 약수를 살펴보면 해답을 찾을 수 있어요. 10, 100, 1000을 자연수의 곱셈으로 표현해 볼게요. 10=2×5입니다. 100=10×10=2×5×2×5=2×2×5×5로 표현할 수 있고, 1000=10×10×10=2×2×2×5×5×5입니다. 표로 나타내면 한눈에 보기 더 편리하죠.

소수로 바꿀 수 있는 분모	10	100	1000
곱셈식	2×5	10×10	10×10×10
		2×5×2×5	2×5×2×5×2×5
		2×2×5×5	2×2×2×5×5×5

이처럼 분모가 10, 100, 1000은 모두 분모가 2와 5의 곱셈으로 된 것을 볼 수 있습니다. 그저 곱해지는 수인 2와 5의 개수가 늘어날 뿐이죠. 이를 토대로 유추해 볼 때, $\frac{1}{2}$, $\frac{1}{5}$은 자연스럽게 소수로 만들 수 있다는 사실을 알 수 있죠. 분모 1000은 숫자 2가 3개, 5가 3개인 곱셈입니다. 2와 5의 구성으로 곱셈을 만들면 얼마든지 소수를 만들 수 있죠. $\frac{1}{2\times2}$, $\frac{1}{2\times2\times2}$, $\frac{1}{2\times2\times5}$ 도 모두 소수로 만들 수 있습니다.

수학의 원리

학생　선생님 2와 5의 곱셈으로 된 분모는 소수로 바꿀 수 있죠?

선생님　정확히 이해했구나!

학생　앞으로는 분모를 곱셈으로 바꾸어 보는 습관을 가질게요.

선생님　그래. 근데 주의할 점은 때에 따라 약분과 통분을 적절하게 사용해야 해.

학생　저는 약분을 다 하고 나서 다시 곱한 적도 많아요. 시간이 오래 걸려요. 매번 2와 5가 포함되어 있는지 찾아보기 힘들 것 같은데, 쉬운 방법 없나요?

선생님　문제를 풀어 보고 설명해 줄게.

문제) 다음 중 분모가 1000인 분수로 만들 수 없는 것은?

① $\frac{9}{36}$　② $\frac{5}{7}$　③ $\frac{3}{8}$　④ $\frac{7}{25}$　⑤ $\frac{6}{30}$

학생	분모에 2와 5 말고 너무 많이 포함되어 있네요. 정답은 ①, ②, ⑤예요!
선생님	약분을 해야지!
학생	아! 깜빡했네요. $\frac{9}{36}$는 약분하면 $\frac{1}{4}$이고, $\frac{6}{30}$은 약분하면 $\frac{1}{5}$이니까 정답은 ②입니다.
선생님	잘했어.
학생	선생님 그런데 분수를 소수로, 소수를 분수로 바꿀 때 너무 시간이 오래 걸려요.
선생님	음…… 하다 보면 자연스레 알게 될 테지만 특별히 알려 주마.
학생	우와! 감사합니다.
선생님	여기 나온 분수와 소수를 눈에 익히고 외운다면 앞으로 문제를 푸는 데 어려움은 없을 거야.

이것만은 꼭!					
$0.05=\frac{1}{20}$	$0.15=\frac{3}{20}$	$0.25=\frac{5}{20}$	$0.35=\frac{7}{20}$	$0.45=\frac{9}{20}$	$0.55=\frac{11}{20}$
$0.125=\frac{1}{8}$	$0.250=\frac{2}{8}$	$0.375=\frac{3}{8}$	$0.625=\frac{5}{8}$	$0.750=\frac{6}{8}$	$0.875=\frac{7}{8}$

선생님	모두 외우기 어렵다면 $0.125=\frac{1}{8}$과 $0.05=\frac{1}{20}$을 기억해 둬. $\frac{1}{8}$은 분자가 1씩 커질 때마다 소수에 0.125씩 더하는 방법으로, $\frac{1}{20}$은 분자가 2씩 커질 때마다 소수에 0.1씩 더하는 방법으로 외우면 될 거야.
학생	감사합니다, 선생님.

한 줄 개념 정리

선생님   분모의 약수와 2와 5밖에 없다면 소수로 바꿀 수 있어.

| 4부 |

규칙

: 수학에는
절대적인 관계가 있다

수학과 친해지고 싶어요

수학자 정약용과 거중기

정약용 하면 무엇이 떠오르나요? 실학을 집필한 유학자, 수원 화성을 쌓는 데 큰 역할을 한 거중기와 『목민심서』 등이 떠오를 것입니다. 정약용은 4살 때 천자문을 익히고 10살이 되기 전 시집을 편찬합니다. 어렸을 때부터 영특하기로 소문난 정약용은 과거 시험을 통과하여 벼슬길에 오르죠. 정조의 총애를 받던 정약용이지만, 정조가 갑작스럽게 세상을 떠나고 한직에 머무르다 유배되어 무려 18년이라는 시간을 보내죠. 이 시기에 책을 500권이 넘게 집필하고 조선 후기 실학사상을 집대성했어요. 18년이 흐르고 다시 향리로 돌아와 남은 기간도 연구와 저술을 하다가 삶을 마칩니다.

정약용은 수원 화성을 축조할 때 도르래 8개를 사용하여 만든 거중기를 활용합니다. 고정 도르래와 움직도르래의 원리와 지렛대의 원리를 이용하고 여기에 수학적으로 계산해서 치밀하게 거중기를 제작했죠. 거중기는 수원 화성을 짓는 데 필요한 기간을 7년 넘게 단축합니다. 처음에는 10년 넘게 걸릴 것으로 예상했지만, 거중기 덕분에 3년이 채 되지 않는 기간에 완성할 수 있었죠.

한 줄 개념 정리

남학생   정약용은 독서뿐만 아니라 수학에도 뛰어난 업적을 남겼어요.

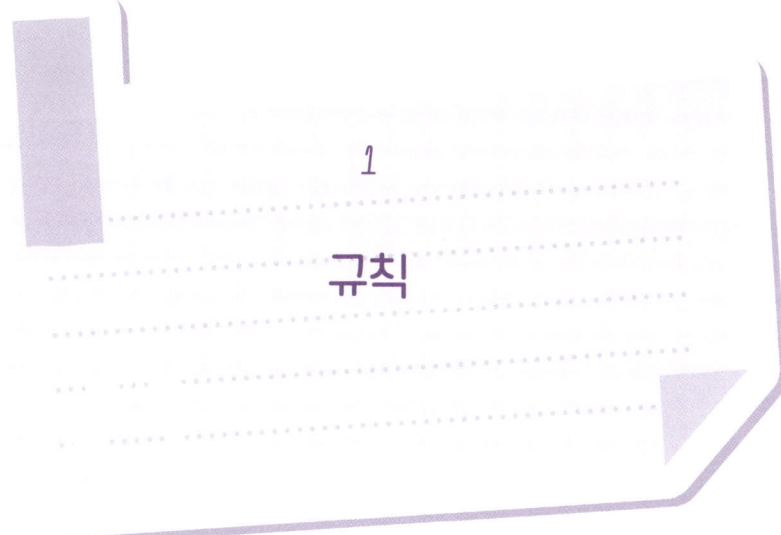

1
규칙

생활 속 수학

초등학교에는 학교만의 규칙이 있습니다. 복도에서는 우측통행, 수업 시간에 떠들지 않기, 친구들에게 바른 말 고운 말 쓰기, 친구와 사이좋게 지내기 등 규칙은 학교에서 꼭 지켜야 하죠. 학교에서 여러 가지 규칙을 지키는 이유는 지금부터 규칙을 잘 지키는 습관을 길러 사회에서도 정해진 규칙을 잘 따르고 올바른 사회적 관계를 맺기 위함이죠. 수학에서도 규칙을 배우는 단원이 따로 있어요. 수학에서 규칙을 왜 배울까요? 복잡한 실생활 속 상황을 수학 규칙으로 단순화하여 추론하는 사고력을 기를 수 있고 다양한 문제를 해결할 수 있는 전략이 되기 때문이죠. 수학에서 여러 규칙을 찾다 보면 주변을 둘러볼 때 수학과 관련지어 논리적으로 생각할 수도 있죠. 규칙은 여러분이 나중에 배울 함수의 기초가 되는 개념으로 무척 중요해요. 중·고등학교 때 함수 때문에 수학이 어렵다고 느끼는 친구가 많기 때문이죠.

개념 쏙~쏙~

규칙을 세분화하면 1, 3, 5, 7, 11…처럼 수의 관계적 속성에 따른 규칙, ←, ↑, →, ↓, ←, ↑, →, ↓처럼 물리적 속성에 따른 규칙, □, □, ■, □, □, ■처럼 반복의 규칙, (◇), (◇◇), (◇◇◇)처럼 증가하는 규칙 등 무척 다양합니다. 규칙을 찾을 때는 주어진 값이 어떤 식으로 변하는지 유심히 보는 습관이 필요합니다. 규칙성을 쉽게 찾으려면 첫 번째 그림과 두 번째 그림의 공통점과 차이점을 찾아내는 연습이 필요하죠.

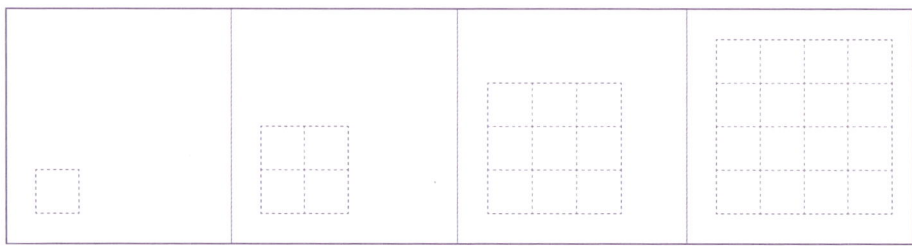

앞 그림은 규칙적인 모양으로 그려져 있습니다. 네 번째 그림은 가로세로 네모 칸이 4개씩 있으니 다섯 번째 그림은 가로세로 네모 칸이 5개씩 있을 것입니다. 도형의 배열에서 규칙을 찾기보다 숫자 계산식에서 규칙 찾는 방법이 좀 더 어렵게 느껴질 거예요.

수학의 원리

학생   도형의 배열에서 규칙 찾는 활동은 너무 쉬워요.

선생님   그림 계산식에서 규칙을 찾아볼까?

| 1+2+3=6 |
| 1+2+3+4+5=15 |
| 1+2+3+4+5+6+7=28 |
| 1+2+3+4+5+6+7+□+◇=△ |

학생	저를 뭘로 보시고, 더 큰 숫자가 2개씩 늘어나니까 □=8, ◇=9, △=45죠.
선생님	그럼 곱셈도 해 볼까?

$$15 \times 2 = 30$$
$$15 \times 4 = 60$$
$$15 \times 6 = 90$$
$$\vdots$$
$$15 \times \square = 180$$

학생	15 뒤에 곱하는 수가 2씩 커질 때마다 정답이 30씩 커지니까. □=12입니다.
선생님	정말 대단한데? 규칙 찾기 도사라고 불러도 되겠어. 마지막으로 나눗셈은 좀 어려운 문제로 풀어 보자.

$$111111111 \div 9 = 12345679$$
$$222222222 \div 18 = 12345679$$
$$333333333 \div 27 = 12345679$$
$$\vdots$$
$$\boxed{} \div 54 = 12345679$$

학생	음…… 좀 어렵네요. 규칙을 찾으면 나누어지는 수랑 나누는 수가 모두 바뀌고 있어요. 나누는 수는 9의 배수고, 나누어지는 수는 수의 자리 값이 모두 1씩 커지네요.

선생님 그렇지! 잘 이해했구나. 그럼 정답은?

학생 규칙을 찾았으니 쉬워요. 6이 9개, 666666666입니다.

선생님 잘했어! 마지막으로 수의 배열에서 규칙을 찾아보자.

1 3	2 4	3 5	4 6	5 7
2 6	3 24	4 60	5 120	6 □

학생 음…… 제일 왼쪽 위에 있는 숫자부터 1씩 커지는데 마지막 숫자만 규칙이 달라요.

선생님 잘 찾았어. 왜 그럴까?

학생 잘 살펴보니 숫자 3개를 곱한 값이 오른쪽 아래에 있어요.

선생님 대단해! 그럼 정답은?

학생 5×6×7=210, 정답은 210입니다!

선생님 이제 규칙은 문제없겠구나.

> 한 줄 개념 정리

엄마 규칙을 찾을 때는 새로 늘어나는 것들을 유심히 봐야 된단다.

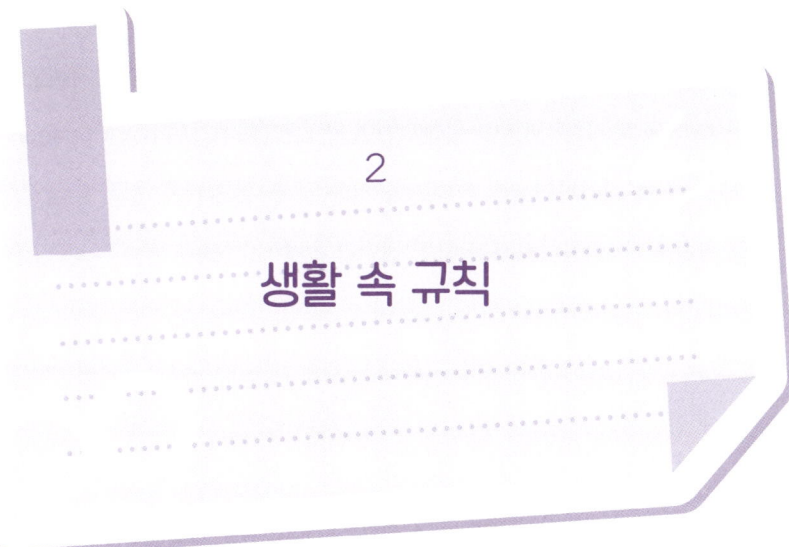

2
생활 속 규칙

개념 쏙~쏙~

숫자는 재미있는 규칙이 많아요. 어떤 숫자에 사칙 연산을 하면 재미있는 규칙을 찾을 수 있거든요. 다음 표처럼 일정한 패턴을 보이는 수의 곱셈도 셀 수 없을 정도로 많죠.

$11 \times 11 = 121$	$999999 \times 2 = 1999998$
$111 \times 111 = 12321$	$999999 \times 3 = 2999998$
$1111 \times 1111 = 1234321$	$999999 \times 4 = 3999998$
$11111 \times 11111 = (123454321)$	$999999 \times 5 = (4999998)$
$111111 \times 111111 = (12345654321)$	$999999 \times 6 = (5999998)$
$1111111 \times 1111111 = (1234567654321)$	$999999 \times 7 = (6999998)$

우선 달력 속에 숨은 수의 규칙을 찾아볼게요. 가로줄에 있는 이웃한 수는 오른쪽으로 1씩 커지는 규칙, 세로줄에 있는 이웃한 수는 7씩 커지는 규칙을 보입니다. 다음 표

는 2024년 달력 12월에서 임의로 X자와 3×3 크기의 삼각형 색을 표시했습니다. X자로 표시된 부분을 볼게요. 오른쪽 아래 방향(\)으로 내려가면 8씩 커지는 규칙, 왼쪽 아래 방향(/)으로 내려가면 6씩 커지는 규칙을 찾을 수 있어요. 왼쪽의 삼각형 숫자 9개의 합은 가운데 수에 곱하기 9를 하면 됩니다. 8+9+10+15+16+17+22+23+24=16×9=144입니다. 왜 그럴까요? 바로 가운데 수 16을 중심으로 서로 마주보고 있는 수의 합이 16을 2배한 것과 같기 때문이죠. 양 옆에 있는 15와 17을 더하면 16×2와 같고, 위아래에 있는 9와 23을 더하면 16×2와 같습니다.

1	2	3	4	5	6	7
8	9	10	11	12	13	14
15	16	17	18	19	20	21
22	23	24	25	26	27	28
29	30	31				12月 DECEMBER

달력에 표시한 3×3 크기의 삼각형은 마방진과 원리가 비슷합니다. 마방진은 정사각형에 1부터 숫자를 차례대로 적어 가로세로, 대각선의 합이 모두 같게 만듭니다. 직접 눈으로 살펴볼까요? 다음 마방진은 가로세로, 대각선을 모두 합하면 15가 나옵니다.

2	7	6
9	5	1
4	3	8

8	1	6
3	5	7
4	9	2

수학의 원리

몇 가지만 더 살펴볼게요. 농장에 있는 염소와 염소 다리의 규칙을 살펴볼까요? 염소가 1마리면 다리가 4개, 염소가 2마리면 다리가 8개죠. 표로 만들어 보면 다음과 같습니다.

염소=♥	1마리	2마리	3	4	5	⋯	12
염소 다리=♦	4개	8개	12	16	20	⋯	48

염소가 1마리 늘어날 때마다 다리는 4개씩 늘어나죠. 식으로 나타내면 (염소×4=염소 다리의 수)로 표현할 수 있습니다. 식으로 표현하면 ♦=4×♥, ♦(염소 다리)=♥(염소)×4가 되죠.

학교에 따라 다르겠지만, 여러분 학급에 학년과 생일이 같은 친구가 있을 확률은 얼마나 될까요? 어떤 일이 무조건 발생할 확률은 1이에요. 동전의 앞면이 나올 확률은 $\frac{1}{2}$이고, 주사위를 던졌을 때 1이 나올 확률은 $\frac{1}{6}$이죠. 자, 이제 생일이 같은 사람이 있을 확률을 구해 볼게요. 계산 방법이 좀 다르니 집중해 주세요. 어떤 일이 무조건 발생할 확률 1에서 생일이 같은 사람이 없을 확률을 빼야 해요. 그러면 생일이 같은 친구가 있을 확률이 나온답니다. 우선 첫 번째 친구의 생일은 언제가 되더라도 상관없으니 확률은 1이에요. 두 번째 친구는 나와 다른 생일이어야 하므로 확률은 $1 \times \frac{364}{365}$가 됩니다. 세 번째 친구는 앞에 두 친구와 생일이 달라야 하므로 365일 중 363일이 남습니다. 따라서 확률은 $1 \times \frac{364}{365} \times \frac{363}{365}$이 되죠. 네 번째 친구는 365일 중 362일이 남기에 확률은 $1 \times \frac{364}{365} \times \frac{363}{365} \times \frac{362}{365}$가 됩니다. 우리 반에 친구가 30명 있다면, 계산식은 $1 \times \frac{364}{365} \times \frac{363}{365} \times \frac{362}{365} \times \cdots \times \frac{336}{365}$이 되고 계산해 보면 확률은 약 0.29 정도가 됩니다.

친구 30명의 생일이 모두 다를 확률이 0.29니, 생일이 같을 확률은 1에서 0.29를 빼 주면 됩니다. 1−0.29=0.71이 되죠. 한 반에 친구 30명 중 생일이 같은 친구가 있을 확률은 약 71%입니다.

한 줄 개념 정리

선생님   생활 속 규칙에서 태어난 학문이 바로 수학이야.

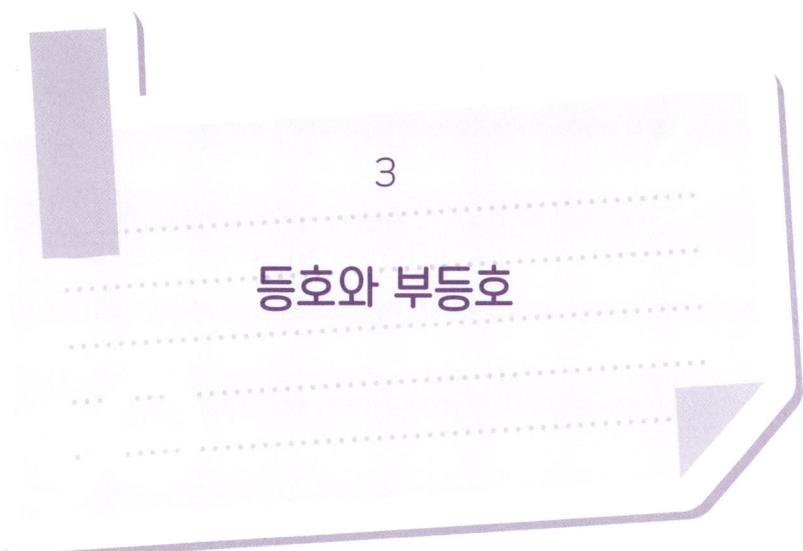

3
등호와 부등호

개념 쏙~쏙~

등호(=)는 한자로 等號, 영어로 *equal sign*이라고 하며, 등호의 왼쪽과 오른쪽이 서로 같다는 의미입니다. 1+□=5라는 식이 있다면, 1+□와 5는 크기가 같습니다. 따라서 □는 숫자 4로 바꾸어 쓸 수 있습니다. 식을 다시 써 보면, 1+4=5가 됩니다. 등호는 성질이 재미있어서 양변에 똑같은 사칙 연산을 해도 결과가 변하지 않습니다. 1+4=5의 양변에 +1을 하면, 1+4+1=5+1, 6=6이 됩니다. 1+4=5의 양변에 −1을 하면, 1+4−1=5−1, 4=4가 됩니다. 1+4=5의 양변에 ×2를 하면, (1+4)×2=5×2, 10=10이 됩니다. 1+4=5의 양변에 ÷5를 하면 (1+4)÷5=5÷5, 1=1이 되죠. 단 등호의 양변에 0을 곱하거나 나누면 안 됩니다. 0은 곱하거나 나누는 모든 수를 0으로 만들어 버리기 때문이죠. 등호의 규칙을 활용하면 복잡한 문제도 좀 더 쉽게 해결할 수 있습니다. (2+□)×13=91을 해결하려면 어떻게 해야 할까요? □에 1부터 5까지 숫자를 모두 넣어서 계산해도 됩니다. 하지만 등호의 규칙을 이용하여 양변을 13으로 나누어 주면 편리합니다. (2+□)×13÷13=91÷13, 2+□=7이 됩니다. 따라서 □는 5로 풀 수 있죠.

등호를 모두 알아보았으면 부등호(>, <, ≥, ≤)도 함께 알아야 해요. 부등호는 말 그대로 부등호로, 양변의 크기가 같지 않다는 의미예요. 왼쪽이 더 크거나, 오른쪽이 더 크거나, 왼쪽이 더 크거나 같거나, 오른쪽이 더 크거나 같다는 네 가지를 모두 포함해요. 문제로 풀어 보면 좀 더 쉽게 이해할 수 있어요. 방향이 헷갈릴 때는 더 큰 쪽으로 입을 벌리고 있다고 외우면 더욱 오래 기억할 수 있어요.

왼쪽 식이 더 크다	오른쪽 식이 더 크다	왼쪽 식이 더 크거나 같다	오른쪽 식이 더 크거나 같다
>	<	≥	≤

수학의 원리

문제 1) □+5<10일 때, □에 들어갈 수 있는 자연수를 모두 구하세요.

풀이 1) □+5가 10보다 작아야 하므로, □=1, 2, 3, 4입니다. □가 5면 10과 같아지므로 5는 정답이 아닙니다.

문제 2) 13−□≥10일 때, □에 들어갈 수 있는 자연수를 모두 구하세요.

풀이 2) 13−□가 10보다 크거나 같아야 하므로, □=1, 2, 3입니다. □가 4면 10보다 작아지므로 4는 정답이 아닙니다.

한 줄 개념 정리

남학생   부등호는 더 큰 쪽으로 입을 벌리고 있어요.

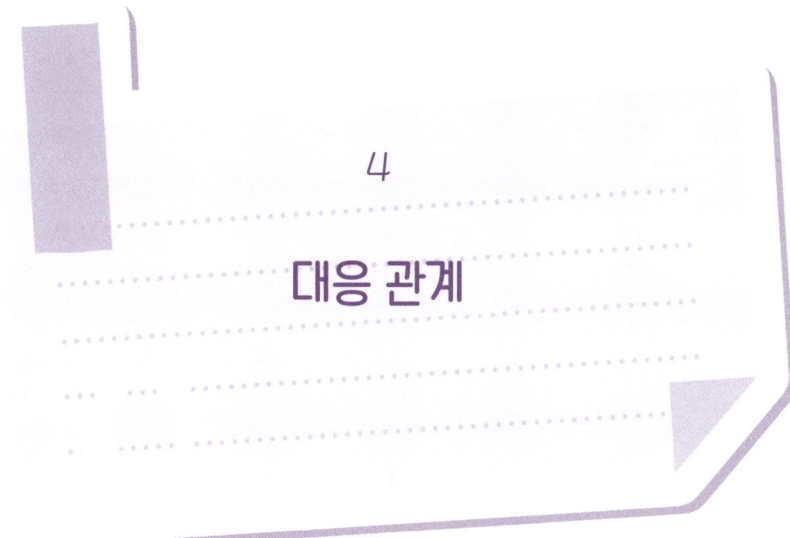

4
대응 관계

생활 속 수학

여러분은 태어나자마자 관계를 맺습니다. 누굴까요? 바로 부모님이죠. 부모님과 여러분은 떼려야 뗄 수 없는 끈끈한 관계입니다. 부모와 관계를 토대로 무럭무럭 자라며, 수많은 친구와 관계를 맺기 시작합니다. 친구와 대화를 하고 의사소통하며, 친구와 서로 가르치고 배우고 즐기며 살아가죠. 수학도 우리처럼 관계를 맺으며 새로운 내용을 만들어 냅니다. 서로 일정하게 변하는 두 수 사이의 관계, 일정하게 변하는 두 양을 찾아 문장과 기호로 나타내기로 말이죠. 사실 수학이 실생활과 동떨어져 있는데 왜 배워? 하고 생각하는 친구도 많아요. 대응 관계를 열심히 공부하다 보면 '아 이래서 수학을 배우는구나!'라고 생각하게 되어요.

개념 쏙~쏙~

사각형에는 각이 4개 있습니다. 사각형이 1개면 각의 개수는 4개, 사각형이 2개면 각의 개수는 8개, 사각형이 3개면 각의 개수는 12개죠. 표로 나타내면 다음과 같습니다.

사각형의 개수	1	2	3	4	5	6	7
각의 개수	4	8	12	16	20	24	28

사각형이 10개, 20개일 때도 일정하게 각의 개수는 증가합니다. 사각형의 개수를 □, 각의 개수를 △로 나타내면, △=4×□로 나타낼 수 있습니다. 대응 관계를 다른 방식으로 표현하면 □=△÷4, △÷□=4로 표현할 수 있죠.

선생님 　대응 관계는 서로 어떤 방식으로 관계를 맺을 수 있는지 살펴보는 것이 중요해. 네 나이와 선생님 나이는 곱셈식으로 나타낼 수 있을까?

학생 　음…… 안 될 것 같아요. 덧셈식으로 해야 될 것 같아요.

선생님 　그렇지. 그러면 자전거와 자전거 바퀴의 수는 곱셈식으로 나타낼 수 있니?

학생 　가능할 것 같아요. □=2×△로 표현하면 됩니다.

선생님 　잘 배웠구나. 그럼 선생님과 *BTS* 뷔의 나이 차는 덧셈식으로 나타낼 수 있을까?

학생 　그럼요! 뷔의 나이에 200을 더하면 되나요?

선생님 　200이라니! 선생님은 외모와 달리 젊단다.

학생 　제가 그러면 특별히 10살만 더해 드릴게요. □=△+10으로 나타낼게요.

선생님 　마음까지 젊어진 느낌이구나. 고맙다!

수학의 원리

문제) 표를 보고 □와 △ 사이의 대응 관계를 식으로 올바르게 나타낸 것을 찾아 ○ 표시를 하세요.

□	1	2	3	4	5	…
△	4	5	6	7	8	…

□+5=△ (　)

5×□=△ (　)

△÷2=□ (　)

□+3=△ (　)

정답은 □+3=△입니다. 1에 3을 더하면 4, 2에 3을 더하면 5처럼 계속 반복되는 대응 관계를 찾을 수 있기 때문이죠. 생활 주변에서 대응 관계를 찾아보는 연습을 하면 수학이 좀 더 우리 생활과 가깝게 느껴지고 재미있게 공부할 수도 있답니다.

수학은 힘이 세다

대응 관계는 한 양이 변하면 다른 양이 그에 따라 일정하게 변하는 관계입니다. 영화 〈뷰티풀 마인드〉에는 내시 균형이라는 게임 이론이 등장합니다. 간단히 설명하면, 나와 경쟁하는 상대가 최선의 전략을 선택하고 변경하지 않는다면 내 전략도 바꿀 필요 없이 균형 상태에 이른다는 이론입니다. 여러 사람이 모이면 각자 이해관계가 상충되고 서로 영향을 미치게 됩니다. 모든 사람은 자신이 최고의 결과를 얻길 바라기 때문이죠. 경제 구조에서 A 빵집과 B 빵집이 있을 때, A 빵집이 가격을 내리면 B 빵집에도 영향을 미치는 것처럼 말이죠. 게임 이론은 특히 경제학에서 많이 활용되고 정치, 공학 등에도 활용되는 이론입니다. 관련된 내용으로 죄수의 딜레마 이론도 있습니다.

구분	죄수 B의 자백	죄수 B의 침묵
죄수 A의 자백	죄수 A와 죄수 B 모두 5년 복역	죄수 A 석방 죄수 B 10년 복역
죄수 A의 침묵	죄수 A 10년 복역 죄수 B 석방	죄수 A와 죄수 B 모두 1년 복역

앞 표를 보면 쉽게 이해할 수 있습니다. 둘 다 모두 자백하면 5년이라는 긴 시간을 복역하지만, 내가 자백하고 상대가 침묵하면 어떨까요? 나는 자백을 해서 석방되고 상대는 10년을 복역하게 됩니다. 죄수 A와 죄수 B에게 가장 유리한 선택지는 '나만 자백해서 최소한의 형량 받기'입니다. 하지만 결과는 그렇지 않습니다. 대부분 죄수 A와 죄수 B 모두 자백을 하고 5년을 복역하게 됩니다. 왜 그럴까요? 둘이 공범일 때는 상대는 범죄를 시인했는데 나만 침묵하면 나 혼자만 10년을 복역하게 될까 봐 두렵기 때문이죠.

한 줄 개념 정리

선생님 대응은 A가 변하면 B가 함께 변하는 거란다.

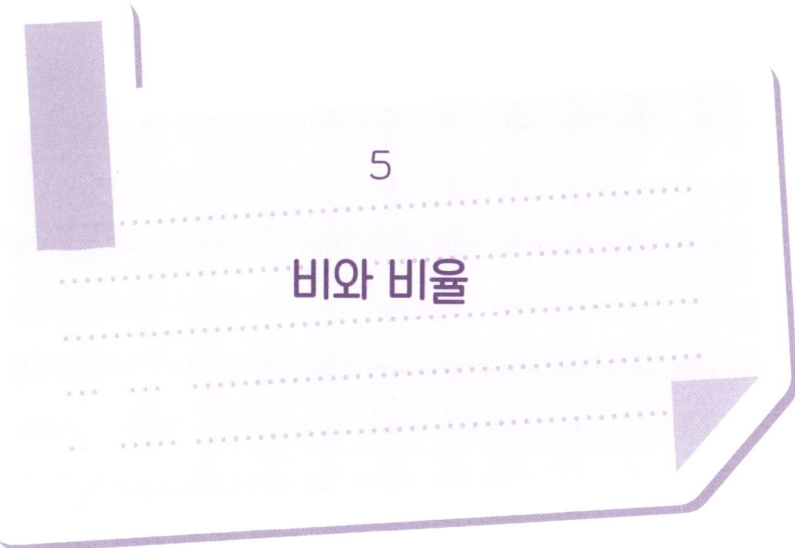

5
비와 비율

생활 속 수학

요리에 관심 있는 친구라면 필요한 재료의 비율로, 야구에 관심이 있는 친구라면 타자의 타율과 투수의 방어율로 비와 비율을 접합니다. 미술에 관심 있는 친구라면 색의 혼합, 내가 좋아하는 팀의 승률, 내가 맞춘 정답의 정답률도 모두 비율입니다. 좋아하는 막대 과자를 사러 갔는데 30% 세일을 합니다. 신나는 여행을 떠날 때 계기판에 표시되는 시속도 모두 비율이죠. 시속이 왜 비율이에요? 궁금할 수 있어요. 시속은 정해진 시간(기준량) 동안 얼마만큼 이동하느냐(비교하는 양)로 나타냈기 때문이에요.

시속 $100km$를 정확히 표시하면 $100km/h$예요. 1시간 동안 몇 km를 이동하느냐는 의미죠. 시속 $80km$에는 1시간 동안 $80km$를 이동할 수 있다는 의미가 숨어 있어요. 신기하지 않나요? 농구 선수들은 골대에서 먼 곳에서 3점 슛을 던집니다. 선수마다 3점 슛 성공률 데이터가 기록되는데, 성공률이 70%라면 열 번 던졌을 때 일곱 번 성공한다는 의미죠. 여러분은 농구 골대에 슛을 던지면 몇 개나 넣을 수 있나요? 책을 읽고 힘껏 공을 던져 보는 것은 어떨까요?

개념 쏙~쏙~

수학에서 '비'는 서로 다른 두 수의 크기를 기호 ':'로 나타낸 것이고, '비율'은 기준량에 대한 비교하는 양의 크기로 '비'를 분수나 소수로 나타낸 것이죠. 학급에 아이가 25명 있는데, 남자아이가 12명이고 여자아이가 13명입니다. 전체 학생 수에 대한 남학생 수의 비를 나타내면 12:25입니다. 남학생 수와 여학생 수의 비를 나타내면 어떻게 쓸 수 있을까요? 정답은 12:13입니다. 이상한 점을 못 찾았나요? 첫 번째 문장에서는 남학생 수가 뒤에 표현되었고 다음 문장에서는 남학생 수를 앞에 썼는데, '비'에서는 남학생 수 12가 모두 앞에 표기되었습니다. 여기서 짚고 넘어갈 점이 있죠.

$$비율 = (비교하는\ 양) \div (기준량) = \frac{(비교하는\ 양)}{(기준량)}$$

비율은 앞처럼 표시할 수 있습니다. '비'는 다음 표처럼 표기하지만 읽는 방법은 총 세 가지가 있죠.

3:4		
① 3과 4의 비	② 3의 4에 대한 비	③ 4에 대한 3의 비

①, ②는 모두 읽는 방법과 숫자 위치가 동일합니다. 하지만 ③은 비를 숫자로 표현하는 법과 읽는 법이 달라 보입니다. 비의 원리로 생각해 보면 전혀 다른 점이 없지만 눈으로 보았을 때는 좀 낯설죠. 헷갈린다면 '~에 대한'이 나올 때는 무조건 숫자를 뒤로 보내 기준량으로 써 주세요. 토끼에 대한 사자의 비라는 문제가 있다면 '~에 대한 부분'이

쓰인 토끼를 뒤로 보내 '사자:토끼'로 쓰는 것이죠. 이 과정이 좀 익숙해지면 '기준량'을 깊이 있게 고민해 보면 좋아요. 기준량은 비교할 때 중심이 되는 기준이에요. 분수에서 분모는 나누는 수였던 것이 기억나죠? 기준량, 나누는 수처럼 기준이 되는 수는 항상 분모에 써 준답니다. 좀 더 복잡한 문제들이 나오면 헷갈릴 수도 있어요.

사탕 만드는 기계가 있는데, 10분마다 사탕 50개씩을 만들어 냅니다. 사탕 1개를 만드는 데 걸리는 시간(분)과 1분마다 만들 수 있는 사탕 개수를 구해 볼게요.

사탕 1개를 만드는 데 걸리는 시간(분)		1분마다 만들 수 있는 사탕 개수	
비(비교하는 양:기준량)	비율($\frac{비교하는 양}{기준량}$)	비(비교하는 양:기준량)	비율($\frac{비교하는 양}{기준량}$)
10:50=1:5	$\frac{10}{50} = \frac{1}{5} = 0.2$	50:10=5:1	$\frac{50}{10} = 5$

앞의 표처럼 문제에 따라 기준량과 비교하는 양은 항상 변화합니다. 무엇이 기준량인지 정확히 찾아내는 능력이 필요하죠. 사탕 1개를 만드는 데 걸리는 시간의 기준량은 '사탕 50개'입니다. 앞에서 설명한 간단한 이해법을 적용해도 됩니다. '사탕 1개를 만드는 데(에 대한) 걸리는 시간'으로 글을 바꾸면 '아! 시간:사탕 개수로 표현해야겠구나 생각하게 될 거예요. 두 번째도 알아볼게요. 1분마다 만들 수 있는 사탕 개수에서 기준량은 '1분'이죠. '1분마다 만들 수 있는(~에 대한) 사탕 개수'로 내용을 바꾸면 '옳지, 사탕 개수:시간으로 표현해야겠다'가 머릿속에 떠오를 거예요.

이해하기 어렵다면 체육 시간을 떠올려 보세요. 체육 선생님께서 호루라기를 불며 외칩니다. '기준! 양팔 간격으로 벌려!' 하면 기준을 중심으로 일사불란하게 양손을 들고 퍼집니다. 선생님께서 다시 외치죠. '기준! 기존 대형으로 모여!' 하면 다시 모입니다. 이때 기준은 절대 움직이지 않습니다. 이 내용도 다시 살펴볼까요? '사탕 1개를 만드는 데 걸리는 시간(분)'에서 사탕 1개라는 기준은 변하지 않습니다. '1분마다 만들 수 있는 사탕 개수'에서 1분이라는 기준은 변하지 않죠. 어때요? 이제 명확하게 이해할 수 있나요?

학생   선생님, 이제 좀 알 것 같아요! 기준량은 변하지 않네요.

선생님   그렇지. 변하지 않는 기준량을 올바른 위치에 쓰기만 하면 된단다.

학생   이제 비와 비율 문제는 누워서 떡 먹기예요!

선생님   재미있는 사실을 알려 줄까? 마트에서 과자를 사 먹을 때, 하나 따로 사는 것과 3개가 묶여 있는 상품 중에 뭐가 더 싸 보여?

학생   보통 3개 묶어서 파는 것이 당연히 싸겠죠!

선생님   땡! 그럴 수도 있고 아닐 수도 있어. 과자 용량을 확인해 보았니?

학생   아니요!

선생님   선생님도 최근에 안 사실이야. 따로 파는 과자는 126g이었는데, 3개 묶어서 파는 상품은 과자 하나당 78g이었어! g당 가격을 비교했더니 큰 차이가 없었어.

학생   잘 알아보고 사야겠네요. 그럼 이때 비와 비율을 이용해서 g당 가격을 알아봐야겠군요.

선생님   맞아. g당 계산하기는 어려우니 10g이나 100g으로 기준량을 어림잡아서 구해 볼까?

	초코과자 1박스	초코과자 3개 들이
용량	126g	78g×3=234g
가격	1,260원	2,680원
용량(g)에 대한 가격의 비	1260:126=10:1	2680:234=11.45:1

학생   초코과자 3개 들이는 소수점 두 번째 자리까지 표현했어요. 초코과자 1박스가 g당 10원으로 더 싸네요.

선생님   그렇지? 이런 경우는 흔하지 않지만 과자는 많이 먹으면 건강에 안 좋으니 1박스만 사 먹도록 해.

학생   네, 알겠습니다. 선생님, 감사합니다.

수학의 원리

문제) 철수네 농장에 사는 전체 동물에 대한 돼지 수의 비율은 $\frac{1}{2}$이고, 돼지를 제외한 동물은 모두 1,200마리입니다. 철수네 농장에는 돼지가 총 몇 마리 있을까요?

풀이) 철수네 농장에 사는 전체 동물에 대한 돼지 수의 비율은 1:2입니다. 반대로 말하면 돼지를 제외한 나머지 동물들에 대한 전체 동물 수의 비율도 1:2입니다. 수직선으로 나타내면 좀 더 쉽게 이해할 수 있어요. 결국 돼지와 나머지 동물은 1:1의 비율이죠.

수직선에 표시해 보면, 쉽게 이해할 수 있죠? 수직선에 나머지 동물 수를 표시하면 1,200마리입니다. 돼지와 나머지 동물은 1:1의 비율이므로 돼지는 1,200마리, 전체 동물의 수는 2,400마리가 되죠. 비와 비율 문제를 풀 때는 똑같은 문제도 기준량에 따라 답이 달라져요. 항상 기준량을 정확히 살펴보고 식을 쓴다면 틀릴 걱정이 없답니다.

비와 비율을 마스터했다면 일상생활에서 정말 많이 쓰는 백분율도 알아야 하죠. 비율에서는 기준량이 항상 달라졌어요. 하지만 백분율은 기준량을 항상 100으로 고정시키는 비율입니다. 기준량이 동일하기에 여러 가지 값을 비교하기에도 편리하여 일상생활에 많이 활용되죠. 백분율을 구하는 방법은 간단해요. 다음 표처럼 비율의 기준량(분모)을 100으로 만든 뒤 100을 곱하고 기호 %를 사용하여 표현하면 됩니다.

$$백분율(\%) = \frac{비교하는\ 양}{기준량(100)} \times 100$$

선생님 백분율은 실생활에서 널리 사용되는데, 혹시 어디에 쓰는지 알고 있니?

학생 음…… TV 시청률과 마트에서 식품 할인율에 쓰여요.

선생님 그 외에 시험을 보고 알게 되는 정답률, 오늘 교실에 몇 명이 왔는지 알 수 있는 출석률, 은행에 돈을 넣으면 받게 되는 이자율도 있지.

학생 백분율은 정말 많이 사용되네요.

선생님 이제 하나씩 알아볼까?

학생 TV 시청률은 조사 대상을 선정해서 그중 해당 TV 프로그램을 본 가구를 백분율로 나타낸 것이죠?

선생님 대단하네. 할인율은 비율로 나타내면 $\frac{할인된\ 가격}{기준량}$ 이지. 5,000원짜리를 4,000원에 팔면 할인율은 얼마일까?

학생 에이! 저를 뭘로 보시고. 할인된 가격이 1,000원이니까 $\frac{1000}{100} \times 100 =$ 1000%입니다.

선생님 응? 할인율이 100%면 공짜로 준다는 의미인데, 그것보다 더 할인율이 크다니! 그 마트가 어디인지 알려 줄 수 있겠니? 가서 공짜로 물건을 받고 싶구나.

학생 기준량을 100으로 하래서 했는데 무엇이 잘못되었나요?

선생님 이런! 무작정 기준량을 100으로 쓰고 하는 것은 아니지. 할인율에서는 처음 가격이 기준량이 된단다. 올바르게 식으로 표현하면 $\frac{1000}{5000}$이지. 그 다음에 기준량을 100으로 바꾸어 계산하는 것이란다. $\frac{1000}{5000}$을 약분해서 $\frac{20}{100}$으로 만든 뒤 100을 곱해서 20%로 만드는 거야.

학생 아, 그렇군요! 그러면 정답률은 $\frac{맞은\ 문제의\ 수}{전체\ 문제의\ 수}$로, 출석률은 $\frac{출석한\ 학생의\ 수}{전체\ 학생의\ 수}$, 이자율은 $\frac{이자}{예금한\ 금액}$로 나타내면 되겠네요?

선생님 그렇지. 정확히 이해했구나.

한 줄 개념 정리

선생님   비와 비율은 절대 변하지 않는 기준량만 찾으면 끝!

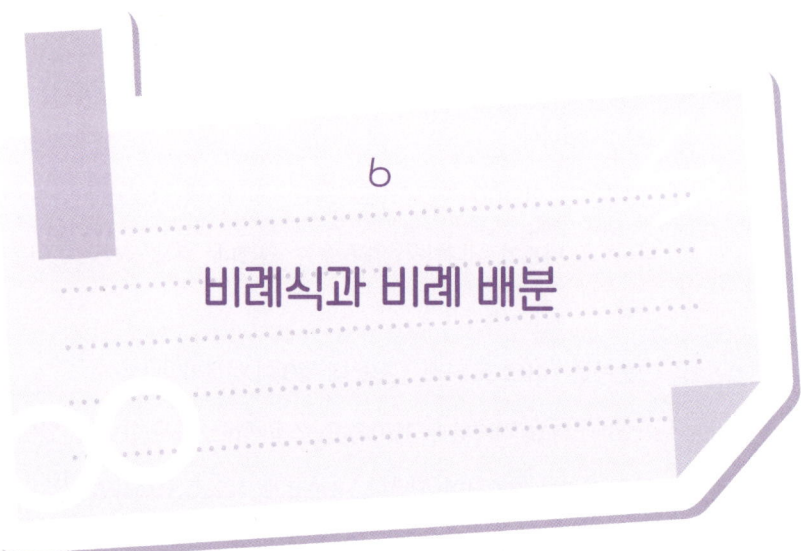

비례식과 비례 배분

생활 속 수학

철수는 미술 시간에 클레이로 핑크색 고래를 만들고 싶었지만, 선생님께 받은 클레이는 흰색과 빨간색, 노란색, 파란색밖에 없었습니다. 선생님은 울상인 철수를 보며 크기가 같은 흰색 클레이를 네 번, 빨간색을 한 번 섞으면 핑크색이 된다고 알려 주셨습니다. 옆자리 민호도 핑크색을 만들고 싶어 흰색을 여덟 번, 빨간색을 두 번 섞어 핑크색을 만들었습니다. 철수와 민호가 만든 클레이양은 달랐지만, 핑크색은 똑같았습니다. 왜 똑같은 결과물이 나왔을까요?

개념 쏙~쏙~

빨간색 클레이와 흰색 클레이의 비		
	비	비율
철수	1:4	$\frac{1}{4}$
민호	2:8	$\frac{2}{8}$ ($=\frac{1}{4}$)

철수와 민호가 사용한 클레이양은 달랐지만, 1:4 비율로 동일했기 때문에 똑같은 핑크색을 만들 수 있었죠. 결국 1:4와 2:8 비율은 똑같다는 결론을 얻게 됩니다. 식으로 나타내면 1:4=2:8이죠. 여기에서 비의 성질을 알 수 있죠. '비의 전항과 후항에 0을 제외한 똑같은 수를 곱하거나 나누어도 비율은 같다'입니다. 우리는 1:4=2:8을 비례식이라고 하죠.

	전항		후항
비	1	:	4
똑같은 수 곱하기	⇩×2		⇩×2
비	2	:	8
똑같은 수 나누기	⇩÷2		⇩÷2
	1	:	4

비례식에서 안쪽에 있는 두 수를 내항, 바깥쪽에 있는 두 수를 외항이라고 합니다. 비례식에는 재미있는 규칙이 있습니다. 바로 내항의 곱과 외항의 곱이 같다는 것이죠.

원리는 간단합니다. 비 1:4=2:8을 비율로 나타내면 $\frac{1}{4}=\frac{2}{8}$입니다.

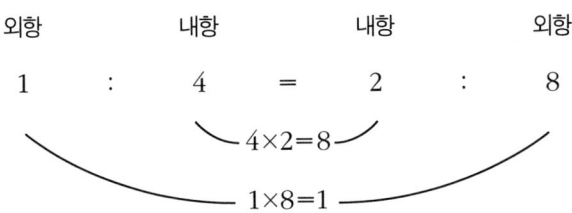

서로 똑같은 분수는 당연하게도 분모×분자=분자×분모 식이 성립합니다. 비례식을 활용하면 자연수, 분수, 소수의 영역에서 활용이 가능합니다. 단 서로 섞어 놓은 문제는 까다로울 수 있죠.

수학의 원리

문제) 다음 중 비율이 같은 두 비를 찾아 비례식으로 쓰세요.

2:5   12:36 $\frac{1}{9}:\frac{1}{3}$ 0.3:0.5

정답은 12:36=$\frac{1}{9}:\frac{1}{3}$입니다. 문제를 해결할 때는 두 가지 방법이 있습니다. 전항과 후항에 똑같은 수를 곱하거나 나누어 같은 비의 값을 찾거나, 두 비를 비례식으로 만들어 계산해 보는 방법입니다.

풀이 1) 전항과 후항에 똑같은 수 곱하기

비	2	:	5
	⇩×6		⇩×6
비	12	:	30

비	$\frac{1}{9}$	:	$\frac{1}{3}$
	⇩×108		⇩×108
비	12	:	36

비	0.3	:	0.5
	⇩×10		⇩×10
비	3	:	5

비	12	:	36
	⇩÷4		⇩÷4
비	3	:	9

풀이 2) 비례식으로 만들어 보기

2 : 5 = 12 : 36
내항의 곱 5×12=60, 외항의 곱 2×36=72

12 : 36 = $\frac{1}{9}$: $\frac{1}{3}$
내항의 곱 $36 \times \frac{1}{9} = 4$, 외항의 곱 $12 \times \frac{1}{3} = 4$

12 : 36 = 0.3 : 0.5
내항의 곱 36×0.3=10.8, 외항의 곱 12×0.5=6

비례식과 비례 배분은 실생활에 많이 활용됩니다. 예를 들어 '비행기가 10분 동안 $100 km$를 날아갔다면, 20분이 지나면 몇 km를 날아갈까요?', '과자가 12개 있는데 3명이서 2:1:1로 나누어 가지면 몇 개씩 가질 수 있을까요?'처럼 말이죠. 간식을 2:1:1

119

로 나누면 불공평하다고 생각할 수 있지만, 과자를 가지고 온 친구가 더 많이 먹는 상황을 생각해 보면 쉽게 이해할 수 있습니다. 비례 배분은 앞서 과자를 나누는 것처럼 전체를 주어진 비로 배분하는 것입니다. 과자 12개를 주어진 비로 배분하려면 과자 주인에게 2개, 다른 친구에게 1개씩 나누어 주고 이 과정을 반복하면 됩니다.

과자 주인을 ○, 친구 1을 △, 친구 2를 □로 표시해서 정리하면 다음과 같습니다. 과자 주인은 6개, 친구 1은 3개, 친구 2는 3개 과자를 먹을 수 있습니다.

여기에서 분수의 기본 정의를 떠올려 볼게요. 기억나나요? 분수는 $\frac{부분}{전체}$ 입니다. 3명이 먹은 과자 개수를 분수로 표현해 보겠습니다. 과자 주인은 $\frac{6}{12}$, 친구 1은 $\frac{3}{12}$, 친구 2는 $\frac{3}{12}$입니다. 친구들은 과자를 몇 개씩 가지게 될까요? 전체 12개와 비율을 곱해 보면, $12 \times \frac{3}{12} = 3$입니다. 3개를 먹을 수 있죠. 비례 배분은 주어진 양을 전체로 해서 주어진 비만큼 나누어 가지게 됩니다.

수학은 힘이 세다

비례식과 비례 배분은 중·고등학교 수학에서 높은 난이도를 보이는 함수 기초가 되므로 올바른 이해가 필요해요. 영화 〈히든 피겨스〉에서 천재 흑인 여성 수학자 캐서린 존슨은 인종 차별을 딛고 삼각 함수와 지수 함수에 대한 관계를 나타낸 오일러 공식을 활용하여 새로운 수식을 발견하고 우주선을 쏘아 올렸어요. 당시 NASA는 우주선의 착륙 좌표를 계산하지 못해서 어려움을 겪고 있었어요. 하지만 캐서린 존슨은 오일러 공식을 활용하여 좌표 평면을 복소수까지 확대시켜 정확한 착륙 좌표를 계산해 냅니다. 이처럼 수학은 우리 생활과 좀 더 밀접한 관련이 있어요. 우주선으로 지구의 둥근 모습을 관찰하고, 달의 뒷면과 화성을 탐구할 수 있게 되었고, 인공위성으로 지도를 편리하게 사용할 수 있죠.

한 줄 개념 정리

아빠　　비례식에서 내항의 곱과 외항의 곱은 같아!

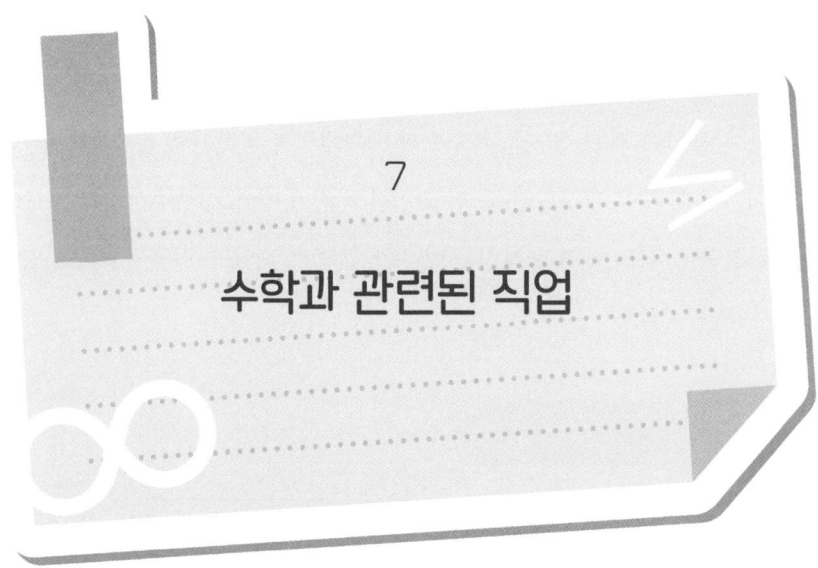

7
수학과 관련된 직업

수학과 관련된 직업하면 뭐가 떠오르나요? 수학자, 수학 선생님, 회계사, 세무사 등 여러 직업이 떠오르죠? 이외에도 통계학자, 데이터 과학자, 암호학자, 우주 과학자 등 수많은 직업이 있죠. 여기에서는 수학자, 대학교 수학과 교수, 수학 선생님, 회계사, 세무사를 살펴볼게요.

수학자가 되려면 대학교에서 수학과 관련된 전공을 공부합니다. 학사·석사·박사 과정까지 모두 수료하면서 개인 연구로 논문을 여러 편 작성하게 되죠. 논문까지 심사를 통과하고 수학 박사를 받게 되면 여러 대학교에 지원서를 발송합니다. 거기에서 선발되면 대학교수가 되어 수학자 길을 걸을 수 있습니다. 대학교수 외에는 수학 연구소에 취직하거나 혼자서 단독으로 수학을 연구하는 길을 걸을 수도 있답니다.

수학 선생님이 되려면 대학교에서 수학교육과를 전공하거나 타 전공에서 교직 이수 과정을 수료하면 됩니다. 또는 교원 자격증을 부여하는 교육 대학원에 진학하면 석사 학위도 받을 수 있죠. 교원 자격증을 취득하고 각 시·도에서 진행하는 임용 고사에 합격하면 중·고등학교 공립 학교 교사가 됩니다. 사립 학교는 1차 필기는 국공립과 동일한 시험을 보고, 2차는 사립 학교 재단 자체 시험을 봅니다. 이 과정을 통과하면 사립 학교 교사가 될 수 있습니다.

회계사는 기업 회계를 감시하는 역할을 해요. 기업과 회사에서 사용하는 자금을 건전하게 운영할 수 있도록 도와주고, 효율적으로 사용할 수 있게 도움을 줍니다. 기업은 회계사 도움으로 더욱 안정적으로 자금 운용을 할 수 있어요. 회계사는 기업의 재무 회계를 감사하여 보고서를 작성하고, 안정된 회계를 위한 효과적인 방안을 알려 주기도 해요. 회계사가 되려면 국가 공인 회계사 시험을 통과하면 됩니다.

세무사는 사업자들에게 부과되는 수많은 세금을 대신 계산해 주고 가장 효율적인 방법으로 납부하도록 세금 납부 업무를 대행하는 역할을 해요. 세금과 관련된 법은 수시로 바뀌기에 일반인들은 쉽게 알기가 어려워요. 사업자들은 세법 개정 사항을 놓치거나 불필요하게 세금을 납부하게 될 수도 있답니다. 세무사는 이와 같은 억울한 피해를 막기 위해 도움을 주고 있어요. 세무사도 회계사처럼 국가 공인 시험을 통과하여 자격증을 취득합니다.

한 줄 개념 정리

남학생   저도 수학을 열심히 해서 수학과 관련된 직업을 갖고 싶어요!

| 5부 |

도형

: 공간 감각을 기를 수 있는 베이스캠프

수학과 친해지고 싶어요

도형의 역사

우리가 배우는 도형은 언제부터 사용했을까요? 도형의 역사를 알고 싶다면 기하학을 좀 더 알아보아야 합니다. 도형도 모르겠는데 기하학이라니 난감하죠? 간단히 알아보고 넘어갈 테니 크게 심호흡 한 번 할게요. 기하학은 *geometry*입니다. *geo*는 땅, *metry*는 측량이라는 뜻이에요. 수학은 실생활에서 시작한 학문이라고 했었죠? 조상들은 살아가는 땅을 측량하려고 기하학을 발전시켰어요. 나라에서는 땅 크기에 따라 세금을 부과하기 때문이죠. 기원전 4세기, 고대 그리스 학자 유클리드는 『원론』이라는 저서에서 고대 그리스에서 사용하던 기하학적 지식들을 정리합니다. 도형들 사이의 관계, 도형 크기를 재는 법, 도형의 비 등을 상세히 설명하죠. 더 놀라운 것은 유클리드가 책에 설명하기 이전부터 기하학을 실생활에서 이미 사용하고 있었단 사실이에요. 물론 지금 우리가 사용하는 좀 더 정제된 기하학은 시간이 지나면서 점차 정교화되었지만, 그 당시에 도형을 사용하고 측량할 수 있었다는 사실 자체가 대단합니다. 여러분도 수학 공부를 열심히 하다 보면 세계 7대 수학 난제를 풀 수도 있지 않을까요?

한 줄 개념 정리

여학생   우리 생활에 꼭 필요한 도형 공부를 게을리하지 말아야겠어.

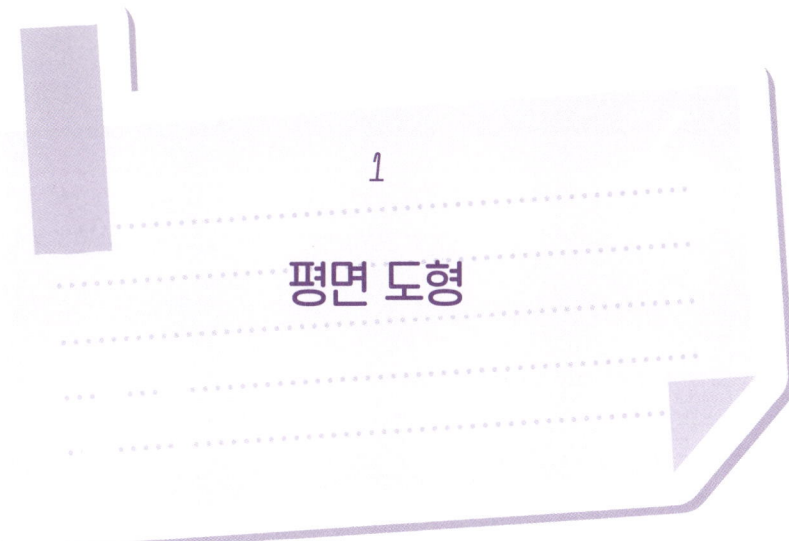

1
평면 도형

생활 속 수학

　우리는 살아가며 수많은 도형을 만납니다. 도형하면 삼각형, 사각형, 원 등이 제일 먼저 떠오릅니다. 그런데 수학에서 사용하는 '각'도 도형이라는 사실을 알고 있나요? 각은 '두 직선이 한 점에서 만나는 도형'이라고 해요. 우리가 콕 하고 찍는 '점', 점과 점을 이어서 그리는 '선', 선과 선이 만나 만들어지는 '면'도 모두 도형이죠. 도형의 기본 요소인 점, 선, 면은 그 자체로도 도형이 될 수 있어요. 신기하죠? 선은 곧게 뻗은 선과 굽은 선이 있어요. 우리가 수학에서 사용하는 선은 주로 곧게 뻗은 선이죠. '선분'은 점 ㄱ과 점 ㄴ을 곧게 이은 선이에요. '반직선'은 한 점에서 시작하여 한쪽으로 끝없이 곧게 이어지는 선이죠. 시작점에 따라서 이름이 달라요. '직선'은 선분을 양쪽으로 끝없이 곧게 늘인 선이에요. 반직선을 제외하고는 두 가지로 부를 수 있어요.

•———————————• ㄱ　　　　　　　ㄴ	선분 ㄱㄴ 또는 선분 ㄴㄱ
•———————•———— ㄱ　　　　ㄴ	반직선 ㄱㄴ
————•———————• 　　　ㄱ　　　　ㄴ	반직선 ㄴㄱ
——•———————•—— 　　ㄱ　　　　ㄴ	직선 ㄱㄴ 또는 직선 ㄴㄱ

개념 쏙~쏙~

간혹 직각삼각형을 직삼각형으로, 직사각형을 직각사각형으로 표현하는 친구들도 있어요. 수학은 약속의 학문이자 기호의 학문이에요. '직각삼각형', '직사각형'으로 부르기로 약속했기에 약속은 꼭 지켜야 해요.

원은 한 점에서 일정한 거리에 있는 점들을 이어서 만든 도형입니다. 점 ·에서 일정한 거리에 떨어져 있는 점 ㄱ, 점 ㄴ, 점 ㄷ 외에도 수많은 점을 찍으면 원이 되고 원의 둘레라고도 합니다.

원의 중심을 지나는 선분 ㄱㄹ을 지름이라고 합니다. 지름은 원을 똑같이 둘로 나누는 선분이며, 지름은 원 안의 선분 중에서 가장 긴 선분이죠. 선분 ㄱㅇ은 지름을 반으로 나눈 반지름입니다. 반지름도 지름과 마찬가지로 무수히 많죠. 그리고 반지름×2 또는 반지름+반지름을 하면 지름이 됩니다. 반대로 지름÷2=반지름이 되죠.

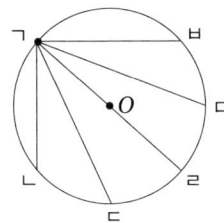

선생님   원의 지름으로 재미있는 문제를 내려고 하는데 어떠니?

학생   재미없으면 어떡해요?

선생님   이런! 재미있다고 생각하면 재미있을 거란다. 다음 문제에서 가장 큰 원의 지름은?

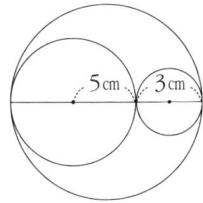

학생   에이 선생님, 저를 뭘로 보시고. 작은 원 2개의 지름을 모두 더하면 되잖아요. 왼쪽 작은 원의 지름은 $5cm$(반지름)×2=$10cm$고, 오른쪽 작은 원의 지름은 $3cm$예요. 따라서 큰 원의 지름은 $13cm$입니다.

선생님   이런 응용 문제를 풀다니! 대단한데.

수학은 힘이 세다

수학에서 선은 1차원, 면은 2차원, 입체는 3차원이라고 합니다. 평면 도형은 2차원 범주에 속하죠. 그렇다면 우리가 살고 있는 공간은 입체 공간이므로 3차원일까요? 아닙니다. 현실 속에는 3차원 공간과 함께 1차원 시간이 존재하므로 4차원 세계로 정의합니다. 5차원 세계가 존재한다면 믿을 수 있을까요? 영화 〈인터스텔라〉는 이 물음에 대한 대답을 다소 복잡하게 풀어냅니다. 사실 5차원 세계가 실제 존재하는지는 알 수 없어요. 하지만 4차원 세계가 무수히 모이면 5차원이 된다는 사실은 유추할 수 있죠. 수학자 리만의 가설은 이 영화의 기본 설정에 큰 영향을 미칩니다. 4차원과 5차원을 연결하는 웜홀이 블랙홀이며, 5차원 세계는 무수히 많은 큐브로 구성되었고 미래의 '내'가 존재하는 공간이었죠. 서로 간섭은 불가능하지만, 영화에서는 사랑으로 불가능을 뛰어넘습니다. 또 중력은 시간과 차원을 뛰어넘을 수 있기에 이를 이용하여 미래의 인간들이 5차원 공간 속 큐브를 만들 수 있다고 설정합니다. 0차원 점부터 복잡한 5차원 세계까지 수학자의 상상력, 가설과 증명은 많은 시사점을 줍니다.

한 줄 개념 정리

선생님 점, 선, 면은 모두 도형!

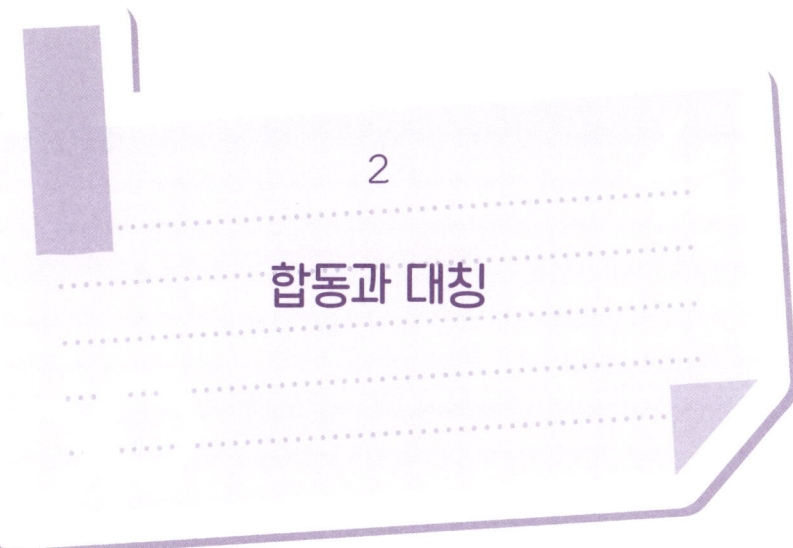

2
합동과 대칭

생활 속 수학

우리는 살아가며 많은 합동과 대칭과 마주합니다. 거울을 통해 볼 수 있는 내 얼굴도 왼쪽과 오른쪽이 대칭을 이룹니다. 하늘을 날아다니는 나비, 인도의 타지마할, 스페인의 알람브라 궁전도 모두 완벽한 대칭으로 아름다움이 극대화되죠. 하늘에서 내리는 눈을 확대하면 정확히 대칭을 이룹니다. 모든 자연 속에서 찾을 수 있는 합동과 대칭을 수학 시간에도 만날 수 있습니다. 합동은 서로 다른 도형 2개를 빈틈없이 포갤 때 사용하는 개념입니다. 가장 간단한 방법으로는 두 도형 중 하나를 오려 다른 도형 위에 올려 보면 되죠.

개념 쏙~쏙~

삼각형 ㄱㄴㄷ과 삼각형 ㄹㅁㅂ은 합동입니다. 두 도형을 빈틈없이 포갤 때 서로 겹치는 꼭짓점을 표로 만들어 볼게요.

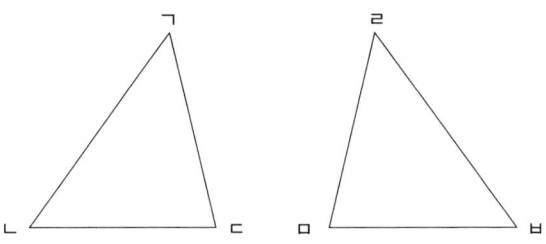

겹치는 꼭짓점	점 ㄱ과 점 ㄹ, 점 ㄴ과 점 ㅂ, 점 ㄷ과 점 ㅁ
겹치는 변	선분 ㄱㄴ과 선분 ㄹㅂ, 선분 ㄱㄷ과 선분 ㄹㅁ, 선분 ㄴㄷ과 선분 ㅂㅁ
겹치는 각	각 ㄱㄴㄷ과 각 ㄹㅂㅁ, 각 ㄱㄷㄴ과 각 ㄹㅁㅂ, 각 ㄴㄱㄷ과 각 ㅂㄹㅁ

이처럼 합동인 도형을 포갰을 때 만나는 꼭짓점, 변, 각을 부르는 표현이 있습니다. 바로 대응점, 대응변, 대응각이죠. 합동인 두 도형은 대응변의 길이와 대응각의 크기가 같다는 특징이 있습니다. 합동인 도형의 특징을 활용해서 문제를 해결해 보세요.

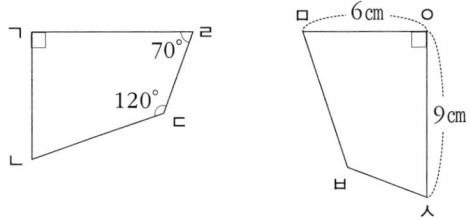

문제) 사각형 ㄱㄴㄷㄹ과 사각형 ㅁㅂㅅㅇ이 합동일 때, 문제를 풀어 보세요.

① 각 ㅂㅅㅇ의 크기는? 70도

② 각 ㅇㅁㅂ의 크기는? 80도

③ 선분 ㄱㄴ의 길이는? 6cm

혹시 답이 틀린 문제가 있나요? 각 ㅂㅅㅇ의 대응각은 각 ㄷㄹㄱ이므로 70도입니다. 각 ㅇㅁㅂ의 대응각은 각 ㄱㄴㄷ이에요. 각 ㄱㄴㄷ의 크기를 구하려면 삼각형 내각의 합

360도에서 나머지 세 각을 빼면 됩니다. 360−90−70−120=80도가 되죠. 마지막으로 선분 ㄱㄴ의 대응변은 선분 ㅁㅇ이므로 6cm가 되죠.

선대칭 도형과 점대칭 도형은 대칭을 배우면 함께 등장하는 단짝 친구입니다. 선대칭 도형은 이름 그대로 선을 기준으로 접었을 때 완전히 겹치는 도형이죠. 점대칭 도형은 당연히 점을 기준으로 접을 수는 없기에 어떤 점을 중심으로 180도 돌렸을 때 처음 도형과 완전히 겹치는 도형을 의미합니다.

이름	선대칭 도형	점대칭 도형
정의	한 직선을 따라 접었을 때 완전히 겹치는 도형	한 도형을 어떤 점을 중심으로 180도 돌렸을 때 처음 도형과 완전히 겹치는 도형
예	정삼각형	평행 사변형, 선분, 마름모, 원
성질	· 대칭축은 1개 또는 여러 개 · 대응변의 길이와 대응각의 크기가 같음 · 대칭축은 대응점끼리 이은 선분을 수직 이등분	· 대칭의 중심은 1개 · 대응점끼리 이은 선분은 대칭의 중심에서 만남 · 대칭의 중심에서 대응점까지 거리는 같음 · 대칭의 중심을 지나는 선으로 잘려진 두 도형은 합동
특징	· 대칭축을 기준으로 접으면 대응변, 대응각, 대응점이 모두 겹침	

수학의 원리

학생   선생님! 저는 선대칭 도형과 점대칭 도형을 다 알겠어요.

선생님   그래? 그럼 이 점대칭 도형 그림을 완성해 볼 수 있겠니?

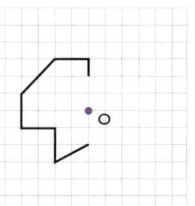

학생   저한테 맡겨 주세요! 이렇게 그리면 되죠?

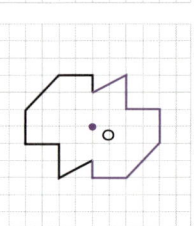

선생님   기특하구나. 어떻게 그렸니?

학생   대칭의 중심에서 대응점까지 거리는 같으니 대응점에서 대칭의 중심을 지나 선분을 그렸죠.

선생님   그럼 "선대칭 도형은 모두 점대칭 도형이다.", "점대칭 도형은 모두 선대칭 도형이다." 둘 중 맞는 문장은 무엇일까?

학생   음…… 선생님 정답이 없는 것 같은데요?

선생님   맞아. 정사각형은 선대칭 도형이면서 점대칭 도형이지만, 많은 도형이 선대칭 도형이지만 점대칭 도형은 아닐 때가 많단다.

한 줄 개념 정리

엄마   점대칭 도형은 점을 중심으로 180도 돌렸을 때, 원래 도형과 똑같이 겹친단다.

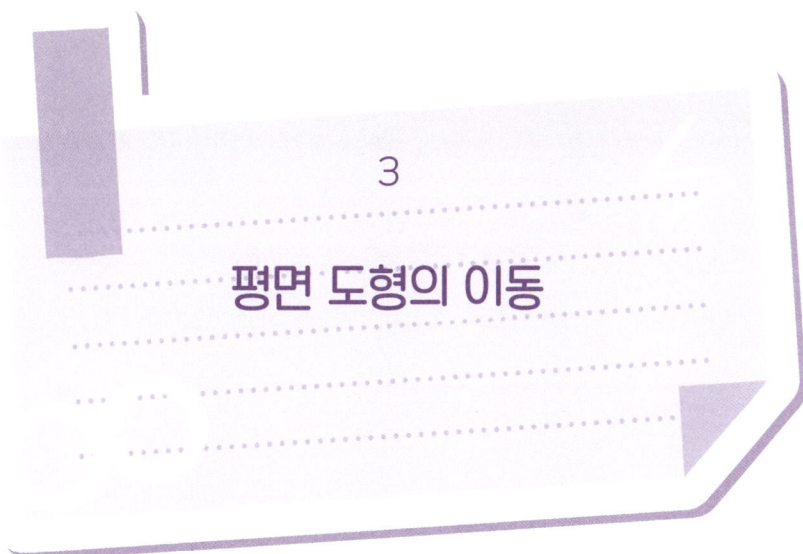

3
평면 도형의 이동

생활 속 수학

유비, 관우, 장비는 복숭아나무 숲에서 의형제를 맺으며 죽는 날도 같이 죽자고 맹세했죠. 『삼국지』에 등장하는 실존 인물인 3명은 어지러운 나라를 바로 잡으려고 한마음 한뜻으로 최선을 다하죠. 서로 떼려야 뗄 수 없는 유비, 관우, 장비처럼 평면 도형의 이동도 항상 함께 등장하는 세 가지가 있죠. 바로 밀기, 뒤집기, 돌리기입니다. 평행 이동, 대칭 이동, 회전 이동을 초등학교 교육 과정에 맞추어서 바꾼 용어입니다.

개념 쏙~쏙~

밀기(평행 이동)는 도형에 위치한 모든 점을 같은 방향으로 같은 거리만큼 옮기는 것이고, 뒤집기(대칭 이동)는 도형에 위치한 모든 점을 한 직선에 대칭되게 옮기는 것입니다. 거울을 보면 뒤집혀 보이는 것과 비슷하다고 하여 '거울상'이라고도 합니다. 돌리기(회전 이동)는 한 점을 중심으로 일정한 각도만큼 회전하여 다른 위치로 옮기는 것입니다.

밀기	뒤집기	돌리기
같은 방향으로 같은 거리만큼	대칭축을 기준으로 포갬	점을 중심으로 회전함

수학의 원리

학생   유비, 관우, 장비가 나온 『삼국지』는 정말 재미있는데 평면 도형의 이동은 재미없어요.

선생님   선생님은 너무 재미있는 걸? 왜냐하면 밀기, 뒤집기, 돌리기를 활용하여 나만의 모양을 만들 수 있기 때문이지.

학생   우와! 재미있을 것 같아요.

선생님   그럼 ◁□□□ 그림으로 나만의 만들기를 해 봐!

학생   저는 밀기, 뒤집기, 돌리기를 모두 활용해 볼게요!

선생님   기대되는 걸?

학생   제가 ◁ 모양을 오른쪽으로 밀어서 만든 ◁◁◁◁ 모양입니다.

선생님   잘 만들었네. 뒤집기도 해 볼까?

학생	대칭축을 ⓗ 처럼 만들어 뒤집기를 했더니 ◆ ◆ 모양이 나왔어요.
선생님	기특하구나. 그러면 마지막 돌리기는?
학생	오른쪽으로 90도씩 회전했더니 ◁△ ▽ 모양이 나왔어요.
선생님	잘했어! 이제 평면 도형의 이동은 완벽하구나.
학생	선생님, 근데 저 새로운 규칙을 찾았어요.
선생님	어떤 규칙 말이냐?
학생	밀기를 하면, 점들이 이동한 모눈종이 칸 개수가 똑같아요! 점 ㄱ, ㄴ, ㄷ 모두 모눈종이에서 5칸씩 이동했어요.

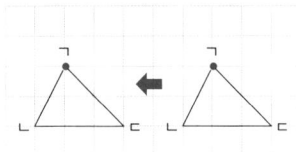

선생님	대단한 규칙을 찾았네! 월반해도 되겠는걸?
학생	이게 전부가 아니에요! 뒤집기 한 도형을 점끼리 모두 이으면 대칭축과 직각으로 만나요.

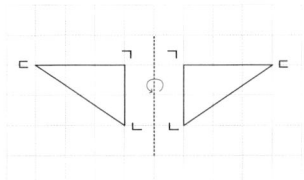

선생님	하나를 알려 주면 열을 아는구나! 정확히는 원래 도형의 한 점과 거울상(뒤집기 해서 만들어진 도형)의 똑같은 한 점을 연결하는 선분은 대칭축에 수직이야. 그래서 대칭축은 이 선분을 수직 이등분하지. 잘 봐. 앞의 점 ㄴ 2개를 연결하는 선을 그어 봐. 대칭축을 기준으로 정확히 나뉘어진 선분의 길이가 같을 거야.

학생　　선생님, 저 중학교 가도 되겠어요!

선생님　아직 갈 길이 멀다. 더 노력하자!

한 줄 개념 정리

여학생　밀기, 뒤집기, 돌리기는 다양한 모양을 만들 수 있어요.

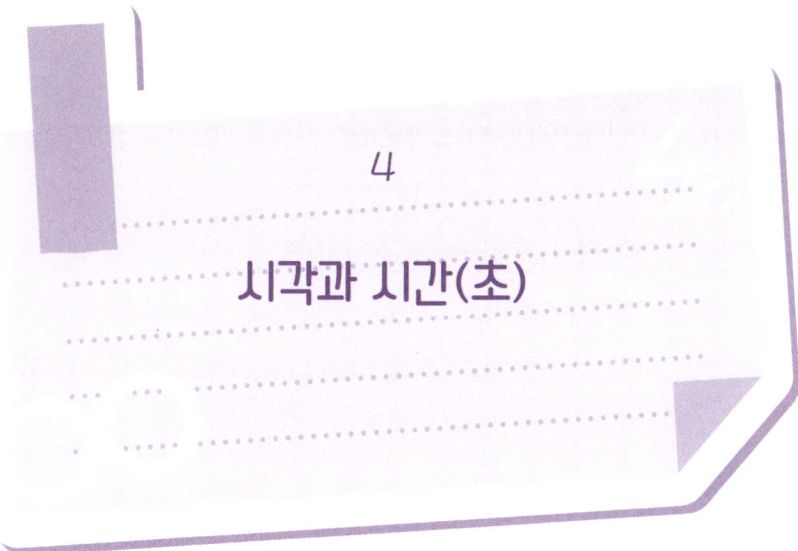

4
시각과 시간(초)

개념 쏙~쏙~

숫자로 표시되는 디지털시계와 짧은 만남을 끝으로 동그랗게 생긴 아날로그시계를 만납니다. 바늘이 총 3개 돌아가며 시간을 알려 주죠. 1분마다 한 바퀴씩 돌아가는 빨간 바늘은 초침, 1분마다 $\frac{1}{60}$ 바퀴씩 돌아가는 분침, 1시간마다 $\frac{1}{12}$ 바퀴씩 돌아가는 시침이 있습니다. 1분은 60초이므로, 시간을 더하고 뺄 때는 주의해야 하죠. 1일은 24시간이고, 1시간은 60분이고, 1분은 60초입니다. 1일을 초로 계산하면 24×60×60=86,400초입니다. 초로 바꾸어 보니 하루가 무척 긴 것처럼 느껴지네요. 2시 25분 10초와 2시 39분 59초를 더할 때는 초와 분 모두 60이 넘을 때 올림을 할 수 있습니다. 평소 하던 10이 넘으면 받아올림을 하던 십진법과는 다릅니다. 시간은 60마다 하나씩 받아올림을 합니다.

시간은 왜 육십진법을 사용할까요? 그 이유를 알아볼게요. 고대 바빌로니아는 천문학이 놀랍도록 발달했어요. 당시에는 1년을 360일로 기록했는데, 360일을 표기하려면 육십진법이 편리했어요.

　우리나라는 십진법만 사용할까요? 아니에요. 우리도 여전히 육십갑자를 사용하고 있어요. 천간(갑, 을, 병, 정, 무, 기, 경, 신 임, 계) 10개와 12지지(자, 축, 인, 묘, 진, 사, 오, 미, 신, 유, 술, 해)를 결합해서 만든 간지를 60개 사용하죠. 천간 10개는 하늘의 시간을 의미하고, 12지지는 땅을 지키는 12가지 동물(쥐, 소, 호랑이, 토끼, 용, 뱀, 말, 양, 원숭이, 닭, 개, 돼지)을 의미합니다. 임진왜란을 모르는 친구는 없죠? 천간 10개의 '임'과 12지지의 '진'을 합친 '임진'년에 발생한 왜란이라고 하여 '임진왜란'이라고 한답니다. 신기하죠? 역사적 사건인 '정유재란', '신유박해' 등도 모두 앞에 두 글자는 연도를 뜻해요.

1 갑자 甲子	11 갑술 甲戌	21 갑신 甲申	31 갑오 甲午	41 갑진 甲辰	51 갑인 甲寅
2 을축 乙丑	12 을해 乙亥	22 을유 乙酉	32 을미 乙未	42 을사 乙巳	52 을묘 乙卯
3 병인 丙寅	13 병자 丙子	23 병술 丙戌	33 병신 丙申	43 병오 丙午	53 병진 丙辰
4 정묘 丁卯	14 정축 丁丑	24 정해 丁亥	34 정유 丁酉	44 정미 丁未	54 정사 丁巳
5 무진 戊辰	15 무인 戊寅	25 무자 戊子	35 무술 戊戌	45 무신 戊申	55 무오 戊午
6 기사 己巳	16 기묘 己卯	26 기축 己丑	36 기해 己亥	46 기유 己酉	56 기미 己未
7 경오 庚午	17 경진 庚辰	27 경인 庚寅	37 경자 庚子	47 경술 庚戌	57 경신 庚申
8 신미 辛未	18 신사 辛巳	28 신묘 辛卯	38 신축 辛丑	48 신해 辛亥	58 신유 辛酉
9 임신 壬申	19 임오 壬午	29 임진 壬辰	39 임인 壬寅	49 임자 壬子	59 임술 壬戌
10 계유 癸酉	20 계미 癸未	30 계사 癸巳	40 계묘 癸卯	50 계축 癸丑	60 계해 癸亥

최소공배수를 배웠죠? 천간 10개와 지지 12개의 최소공배수는 60이죠. 그래서 육십갑자가 총 60개 탄생됩니다. 육십갑자가 모두 지나면 환갑(還甲)이라고 합니다. 환갑은 육십갑자의 갑(甲)이 다시 돌아온다는 뜻이죠. 육십갑자표를 외울 수는 없지만 참고로 읽어 보면 역사를 공부할 때 도움이 된답니다.

수학의 원리

시각과 연도의 유래를 배웠으니, 이제 시각과 시간의 덧셈과 뺄셈을 해 볼게요. 초 단위끼리 합이 60과 같거나 60보다 크면 60초를 1분으로 받아올림합니다. 분 단위끼리 합이 60과 같거나 60보다 크면 60분을 1시간으로 받아올림하면 됩니다.

$$\begin{array}{r} 1 \quad\; 1 \quad\;\; \\ 3시\; 25분\; 10초 \\ +\; 2시\; 39분\; 59초 \\ \hline 6시\;\; 5분\;\; 9초 \end{array}$$

10초+59초는 69초입니다. 69초는 1분+9초로 바꿀 수 있습니다. 1분을 받아올림하여 1분+25분+39분을 계산하면 65분이 나옵니다. 65분을 1시간+5분으로 바꿉니다. 1시간을 받아올림하여 1시간+3시간+2시간을 계산하면 6시간이 나옵니다. 따라서 계산 결과는 6시 5분 9초가 나오죠.

뺄셈은 받아내림을 사용하여 문제를 해결합니다. 초 단위끼리, 분 단위끼리 뺄 수 없을 때는 1분을 60초, 1시간을 60분으로 바꾸어 받아내림해야 합니다.

$$\begin{array}{r} \overset{6060}{\cancel{3}\text{시 } \cancel{25}\text{분 } 10\text{초}} \\ 2\phantom{\text{시 }}24\phantom{} \\ -2\text{시 } 39\text{분 } 59\text{초} \\ \hline 45\text{분 } 11\text{초} \end{array}$$

10초에서 59초를 뺄 수 없으니, 25분을 24분 60초로 바꾸어 줍니다. 이제 10초+60초로 59초를 빼 주면 11초가 남죠. 25분은 60초를 뺀 24분만 남습니다. 24분에서 39분을 뺄 수 없기에 3시간을 2시간 60분으로 바꾸어 줍니다. 이제 60분+24분으로 39분을 빼 주면 45분이 남죠. 3시간은 1시간을 뺀 2시간만 남습니다. 2시간에서 2시간을 빼면 0시간이 됩니다. 시간의 덧셈과 뺄셈은 평소에 숫자 10과 같거나 크면 받아올림을 했던 것과 똑같아요. 기준이 숫자 10에서 60으로 바뀐 것뿐입니다. 받아내림은 10이 아니라 60이 기준이 되죠. 몇 번 연습하면 쉽게 익힐 수 있답니다.

한 줄 개념 정리

엄마   육십진법은 60이 넘으면 올림을 해. 십진법은 10이 넘으면 올림을 하지.

5
길이, 들이

생활 속 수학

여러분은 키가 몇 cm인가요? 작년보다 올해에 키가 더 많이 자랐겠죠? 운동화 사이즈도 점점 커질 테죠. 잠깐! 키는 $150cm$처럼 표기하는데 운동화 사이즈는 왜 $250mm$로 표기할까요? 숫자만 보면 운동화가 더 큰데, 실제로는 운동화 크기와 비교도 안 될 정도로 키가 훨씬 크죠. 일상생활에서 길이를 알면 좋을 때가 많아요. 서울에서 부산까지는 자동차로 운전할 때 약 $400km$ 정도 이동해야 하죠. 운동화를 표기하는 mm로 쓴다면 $400,000,000mm$입니다. 한눈에 보기도 힘들고 거리를 가늠하기도 힘들죠. 자를 보면 $1cm$는 작은 칸 10개로 나뉘어 있습니다. 작은 칸 1개는 $1mm$라고 부르죠.

개념 쏙~쏙~

여러분 키가 150cm라면 여러분 키는 1m 50cm일까요, 아니면 1km 50cm일까요? 당연히 1m 50cm겠죠? 그러면 상대적으로 1km는 1m보다 훨씬 큰 단위가 되겠죠. 한강에 있는 양화대교는 길이가 1.53km입니다. 차를 타고 가도 꽤나 시간이 걸리죠. 부산에 위치한 광안대교는 무려 7.42km나 됩니다. 4배가 넘게 긴 다리죠. 우리가 배우는 길이의 가장 작은 단위인 mm부터 km까지 관계를 나타내 보면 어떻게 될까요?

$$1mm \xrightarrow[\frac{1}{10}배]{10배} 1cm \xrightarrow[\frac{1}{100}배]{100배} 1m \xrightarrow[\frac{1}{1000}배]{1,000배} 1km$$

$1mm$를 10배 하면 $1cm$, $1cm$를 100배 하면 $1m$, $1m$를 1,000배 하면 $1km$입니다. 반대로 표현하면 $1km$를 $\frac{1}{1000}$배 하면 $1m$, $1m$를 $\frac{1}{100}$배 하면 $1cm$, $1cm$를 $\frac{1}{10}$배 하면 $1mm$가 됩니다. km보다 더 큰 단위에는 메가미터, 기가미터, 테라미터 등이 있지만 잘 사용하지 않죠. 우리는 $1mm$의 10배, 100배, 1,000배를 잘 기억해 두어야 합니다.

들이는 통이나 그릇 안에 넣을 수 있는 부피입니다. $1L$짜리 우유를 샀을 때 그 안에 들어 있는 부피양이죠. 1901년에는 $1L$가 물 $1kg$의 부피로 정의되었지만, 실제 $1L$와 차이가 있음이 발견되어 $1L$는 세제곱데시미터라는 명칭으로 사용됩니다. 세제곱데시미터를 간단히 이야기하면 가로세로, 높이가 각각 $10cm$인 통에 가득 담은 양을 의미합니다. $1mL$는 가로세로, 높이가 각각 $1cm$인 통에 가득 담은 양을 의미하죠.

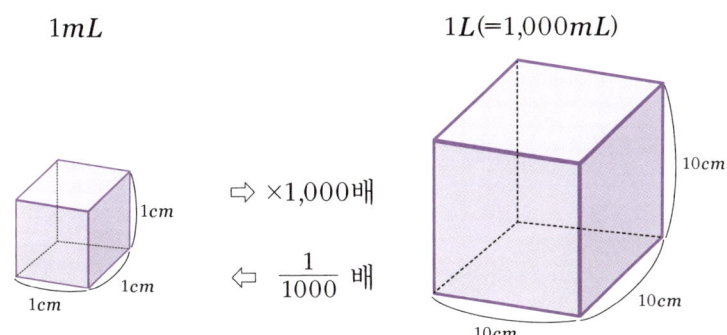

1mL와 1L의 관계를 알면 덧셈과 뺄셈도 어렵지 않습니다. ml 단위가 1,000이 넘어가면 L로 바꾸어 줍니다. 350ml에서 900ml를 뺄 수 없으니 3L를 2L+1,000ml로 바꾸어야 하죠. 그리고 1,350ml에서 900ml를 빼면 450ml를 구할 수 있습니다.

	3L 350ml		3L 350ml
+	2L 900ml	−	2L 900ml
	6L 250ml		450ml

한 줄 개념 정리

선생님　1m와 1km는 1,000배, 1ml와 1L도 1,000배!

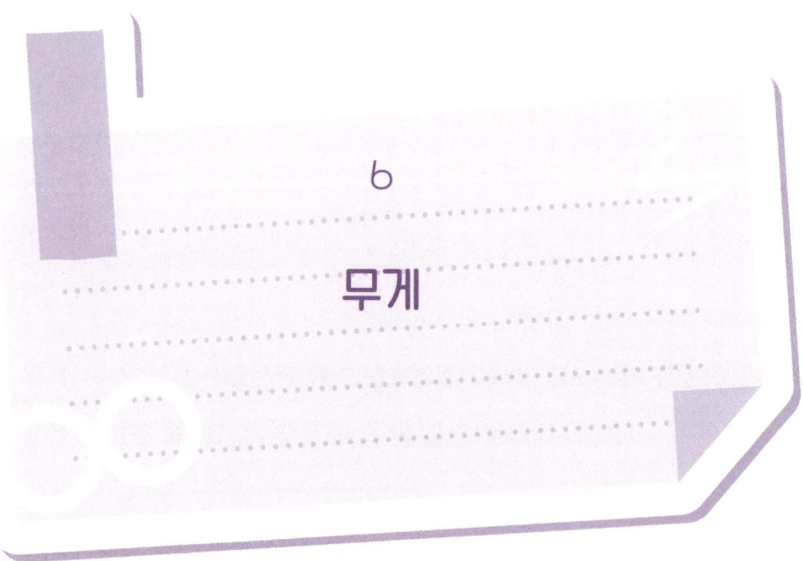

6 무게

생활 속 수학

여러분은 몇 kg으로 태어났나요? 선생님은 무려 $5kg$으로 태어나서 병원에 역사적인 기록으로 남아 있습니다. 지금은 훨씬 많이 자라 몸무게가 십여 배가 늘어났죠. 연필 한 자루의 무게는 $5g$입니다. 그리고 길에 다니는 화물용 트럭 $5t$짜리도 쉽게 볼 수 있습니다. 여러분이 보통 타고 다니는 자동차도 대부분 $1t$보다 더 무겁습니다. 이처럼 무게에 사용되는 단위는 다양합니다. $1g$과 $1kg$, $1t$은 모두 더 작은 단위에서 1,000배씩 곱한 만큼의 크기를 나타냅니다.

반대로 표현해서 더 큰 단위에 $\frac{1}{1000}$배를 하면 더 작은 단위가 나오죠. 자동차 무게를 g으로 나타내는 것보다 $1.2t$ 또는 $1,200kg$으로 나타내는 것이 더 편리하죠. $1,200,000g$은 한눈에 알아보기 어렵습니다.

$$1g \quad \xrightarrow{1{,}000\text{배}} \quad 1kg\,(=1{,}000g) \quad \xrightarrow{\times 1{,}000\text{배}} \quad 1t\,(=1{,}000kg=1{,}000{,}000g)$$

$$\xleftarrow{\frac{1}{1000}\text{배}} \qquad \xleftarrow{\frac{1}{1000}\text{배}}$$

개념 쏙~쏙~

실생활에서는 kg과 t을 많이 사용합니다. 몸무게가 $43kg\ 250g$이면 $43.25kg$으로 표현하고, 차량 무게가 $2{,}530kg$이라면 $2.53t$으로 표현하죠. 단위가 눈에 더 잘 들어오는 방식으로 사용합니다. 컨테이너 무게는 kg으로 표현하기 어려워 t을 활용한답니다. 앞의 표를 읽고 $1g$, $1kg$, $1t$의 관계를 정확히 이해하면 무게의 덧셈과 뺄셈도 큰 어려움 없이 해결할 수 있습니다.

$$
\begin{array}{r}
 3t\ 500kg \\
+\ 2t\ 550kg \\
\hline
 6t\ \ 50kg
\end{array}
\qquad
\begin{array}{r}
 3t\ 500kg \\
-\ 2t\ 550kg \\
\hline
 \ 950kg
\end{array}
$$

$$
\begin{array}{r}
 4kg\ 300g \\
+\ 2kg\ 450g \\
\hline
 6kg\ 750g
\end{array}
\qquad
\begin{array}{r}
 4kg\ 300g \\
-\ 2kg\ 450g \\
\hline
 1kg\ 850g
\end{array}
$$

덧셈을 할 때 1,000kg이 넘어가면 1t으로 받아올림할 수 있습니다. 500kg에서 550kg을 뺄 수 없으니, 3t를 2t+1,000kg으로 바꾸어야 하죠. 그리고 1,500kg에서 550kg을 빼면 950kg을 구할 수 있습니다. t으로 표시하려면 0.95t으로 나타낼 수 있죠.

kg과 g의 덧셈과 뺄셈도 마찬가지예요. 1,000g이 넘어가면 1kg으로 받아올림할 수 있어요. 300g에서 450g을 뺄 수 없으니, 4kg을 3kg+1,000g으로 바꾸어야 하죠. 그리고 1,300g에서 450g을 빼면 850g이 남으므로 계산 결과는 1kg 850g이 됩니다. kg으로 표시하려면 1.85kg이 되겠죠.

한 줄 개념 정리

선생님 1g, 1kg, 1t은 1,000배씩 차이가 나지.

7
각도

생활 속 수학

'도대체 학교에서 각도는 왜 배우지?' 하고 생각할 수도 있어요. 각도가 얼마나 중요한지 알려 줄게요. 인공위성을 발사할 때 미세한 각도 차이로 성공과 실패가 결정될 수도 있고, 튼튼한 집과 건물을 지을 때도 정확한 각도는 필수예요. 더 가까운 사례를 살펴볼게요. 수영할 때 팔의 각도, 달리기할 때 무릎의 각도, 농구공을 던질 때 팔의 각도는 모두 결과에 중요한 영향을 미치고 있어요. 그만큼 각도는 우리 생활과 밀접하고 더 중요한 일에 쓰고 있죠.

개념 쏙~쏙~

각은 한 점에서 그은 두 반직선으로 이어진 도형이고, 각도는 두 반직선이 벌어진 정도를 나타내는 양입니다. 각도기로 측정하면 정확한 각도를 알 수 있죠. 하지만 각도를 활용한 다양한 문제를 해결하려면 각도를 측정하는 것뿐만 아니라 각의 크기를 비교하고 분류하고 각도의 합과 차를 구할 수 있어야 합니다. 각은 예각, 직각, 둔각으로 구별합니다.

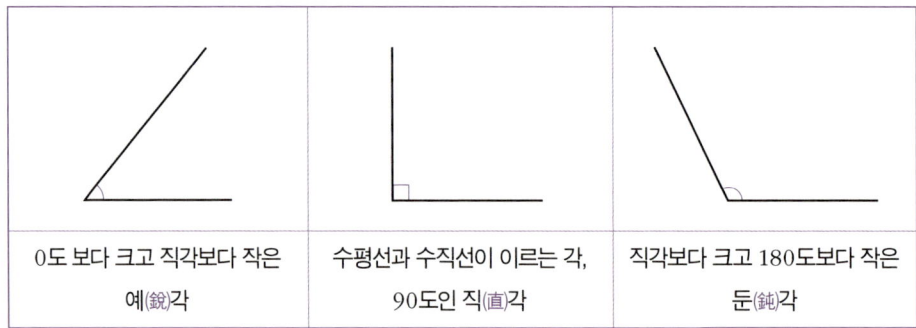

| 0도 보다 크고 직각보다 작은 예(銳)각 | 수평선과 수직선이 이르는 각, 90도인 직(直)각 | 직각보다 크고 180도보다 작은 둔(鈍)각 |

한자의 뜻을 알면 예각, 직각, 둔각을 쉽게 구별할 수 있어요. 예각의 예(銳)는 예리하다는 뜻이에요. 날카롭고 예리해 보이죠? 직(直)은 곧게 뻗는다는 뜻인데, 직선을 생각하면 유추할 수 있어요. 마지막 둔각의 둔(鈍)은 둔하다, 무디다는 뜻이에요. 뾰족한 예각과 비교했을 때 확실히 무뎌 보이죠?

각의 종류를 이해했다면 이제 각도의 합과 차를 구하는 방법을 익혀야 해요. 이때 중요한 개념은 다음 네 가지입니다.

| 한 점에서 출발하는 두 반직선을 포갠 선의 각은 180도 | 삼각형 세 내각의 합은 180도 | 사각형 네 각의 크기 합은 360도 | 시곗바늘이 한 바퀴 돌면 360도 |

네 가지 개념만 알면 각도의 합과 차 문제는 모두 해결할 수 있죠. 바로 응용해서 해결해 볼까요? 다음 문제만 모두 해결한다면 더 이상 각도는 걱정하지 않아도 된답니다.

55°	55°	100°	100° ㉠ 75° 65°
[활용 개념] 두 반직선을 포갠 선의 각은 180도	[활용 개념] 삼각형 세 내각의 합은 180도	[활용 개념] 사각형 네 각의 크기 합은 360도	[활용 개념] 시곗바늘이 한 바퀴 돌면 360도
180−55−90(직각)을 하면 □=35	180−55−90(직각)을 하면 □=35	360−100−90(직각)−90(직각)을 하면 □=80	360−100−75−65를 계산하면 ㉠=120

한 줄 개념 정리

선생님   직선의 각도는 180도, 삼각형의 내각은 180도, 사각형의 네 각은 360도!

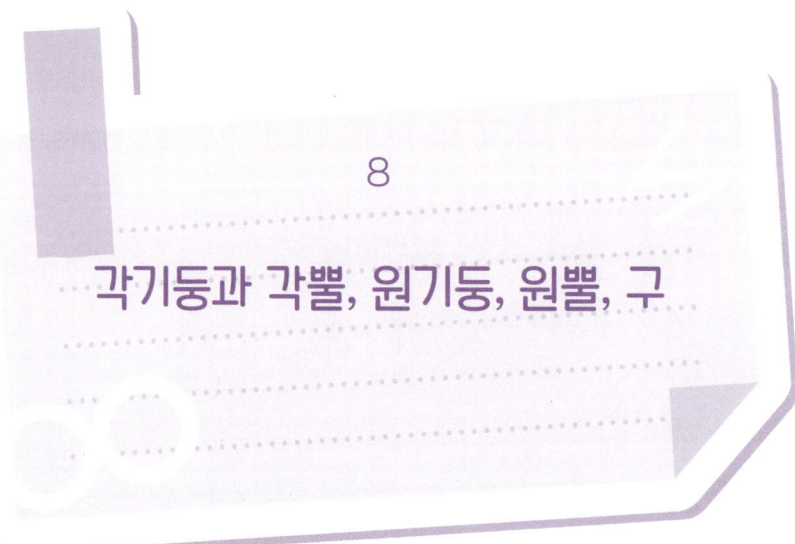

8
각기둥과 각뿔, 원기둥, 원뿔, 구

생활 속 수학

    요즘 우리가 사는 집의 모습은 아파트, 빌라, 주택 등이 일반적인 모습입니다. 조선 시대로 돌아가면 초가집, 기와집 등 한옥의 모습이 떠오르죠. 한옥의 기둥은 대부분 각기둥과 원기둥 모양으로 지어졌다는 사실을 알고 있나요? 세계 문화유산으로 지정된 창덕궁, 우리나라 대표 관광지인 경복궁도 모두 각기둥으로 틀을 잡고 차곡차곡 쌓아 건축되었습니다. 여러분이 다니는 학교, 집도 콘크리트로 만든 각기둥이 탄탄하게 집을 지탱하고 있죠.

개념 쏙~쏙~

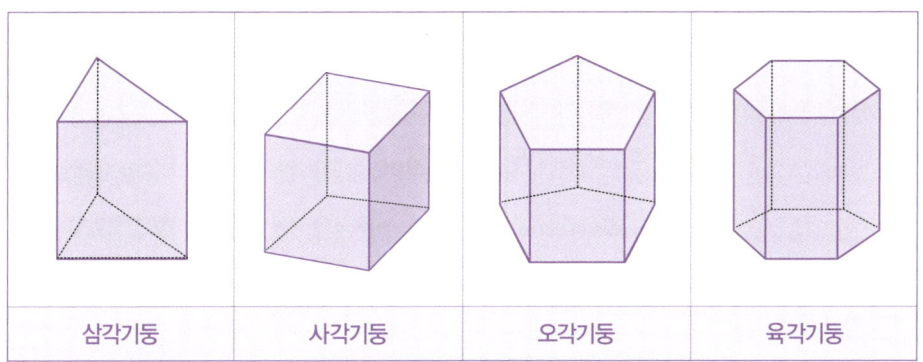

| 삼각기둥 | 사각기둥 | 오각기둥 | 육각기둥 |

각기둥은 입체 도형 중 위와 아래에 있는 두 면이 서로 평행이고 합동인 다각형으로 이루어진 도형을 의미해요. 앞의 각기둥을 잘 살펴보세요. 기둥 이름이 밑면 모양에 따라 바뀌는 특징을 보입니다.

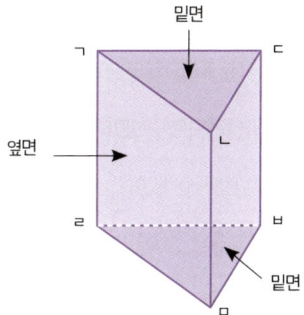

각기둥의 특징을 살펴볼까요? 면 ㄱㄴㄷ과 면 ㄹㅁㅂ처럼 서로 평행하고 합동인 두 면은 밑면이고, 두 밑면은 옆면과 모두 수직으로 만나요. 재미있는 사실은 옆면은 모두 직사각형이라는 점이에요. 옆면의 수, 모서리의 수, 꼭짓점의 수는 모두 일정한 규칙으로 변해요.

겨냥도				
이름	삼각기둥	사각기둥	오각기둥	육각기둥
옆면의 수	3	4	5	6
꼭짓점의 수 (옆면의 수×2)	6	8	10	12
모서리의 수 (옆면의 수×3)	9	12	15	18

※ 꼭짓점: 모서리와 모서리가 만나는 점, 모서리: 면과 면이 만나는 선분

각뿔은 이름부터 뿔처럼 뾰족한 느낌이 나죠? 각기둥을 보고 한옥의 튼튼한 기둥을 떠올렸다면 각뿔은 유니콘의 뾰족한 뿔을 연상하면 됩니다. 뿔은 끝이 뾰족한 특징이 있죠.

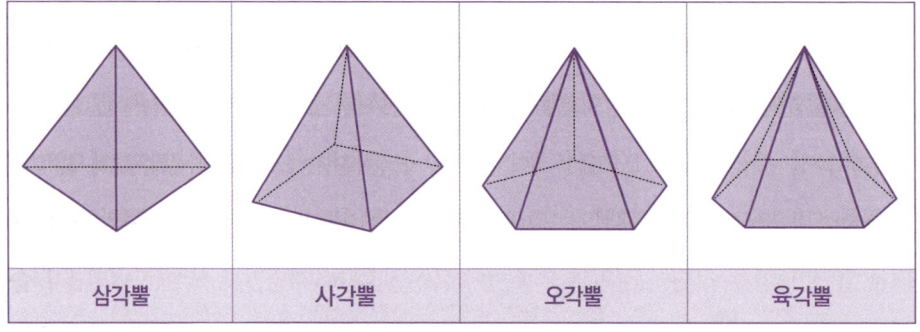

각뿔은 밑면은 다각형이고 옆면은 모두 삼각형인 입체 도형입니다. 앞의 각뿔처럼 밑면의 모양에 따라 이름이 바뀌는 특징이 있죠.

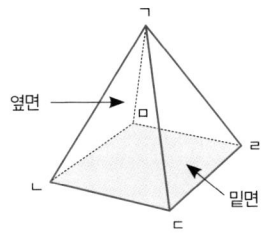

밑면인 면 ㄴㄷㄹㅁ과 만나는 면 ㄱㄴㄷ, 면 ㄱㄴㅁ, 면 ㄱㄷㄹ, 면 ㄱㄹㅁ을 옆면이라고 합니다. 재미있는 사실은 옆면은 모두 삼각형이라는 점이에요. 옆면의 수, 모서리의 수, 꼭짓점의 수는 모두 일정한 규칙으로 변해요.

겨냥도				
이름	삼각뿔	사각뿔	오각뿔	육각뿔
옆면의 수	3	4	5	6
꼭짓점의 수 (옆면의 수+1)	4	5	6	7
모서리의 수 (옆면의 수×2)	6	8	10	12

※ 꼭짓점: 모서리와 모서리가 만나는 점, 모서리: 면과 면이 만나는 선분

각뿔은 각기둥과 높이를 측정하는 방법이 좀 달라요. 각뿔의 꼭짓점에서 밑면에 수직인 선분이 높이입니다. 투명한 사각뿔 안쪽을 들여다보면 156쪽 그림과 같습니다. 각뿔의 높이를 잴 때는 곱자의 직각을 이용하여 측정하면 정확히 잴 수 있어요. 곱자가 없다면 자를 2개 이용해서 측정할 수도 있답니다.

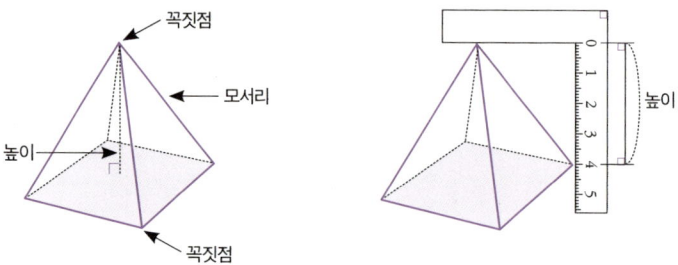

수학은 힘이 세다

고대 이집트 지배자 파라오의 영혼이 쉴 수 있는 공간으로 피라미드를 지었습니다. 피라미드는 사각뿔 모양이며, 사각뿔의 특징을 보입니다. 이집트 피라미드는 10만 명이 20년 동안 지은 거대한 건축물입니다. 기하학 원리를 적용하여 각도, 비율, 측정 단계를 거쳐 쌓아 올리기 시작했습니다. 해가 뜨고 달이 지는 시간을 계산해서 피라미드 네 변의 길이를 거의 정확히 맞추었죠. 동쪽 밑변의 길이가 $230.3191m$, 서쪽 밑변의 길이가 $230.357m$, 남쪽 밑변의 길이가 $230.454m$, 북쪽 밑변의 길이가 $230.253m$로 큰 차이가 없습니다. 또 피라미드의 밑면을 이루는 사각형은 네 각이 모두 정확히 90도입니다. 거대한 돌을 채석하여 운반하고 가공하여 쌓아 올렸습니다. 모래와 물을 사용하여 돌을 가공하는 기술이 무척이나 놀랍죠. 이뿐만 아니라 피라미드는 한 변의 길이와 높이 비가 황금비(1:1.61804)입니다. 황금비는 자연에서 찾을 수 있는 가장 아름답고 안정적인 비율로 알려져 있습니다. 피타고라스의 정리는 직각삼각형 변들 사이의 일정한 길이 비를 나타낸 것입니다. 설계할 때 피타고라스의 정리로 각 돌의 크기와 위치, 피라미드의 면과 변들 사이 거리를 정확히 가늠하는 데 활용했습니다.

한 줄 개념 쟁리

여학생　각기둥은 위아래에 있는 두 면이 평행해요!

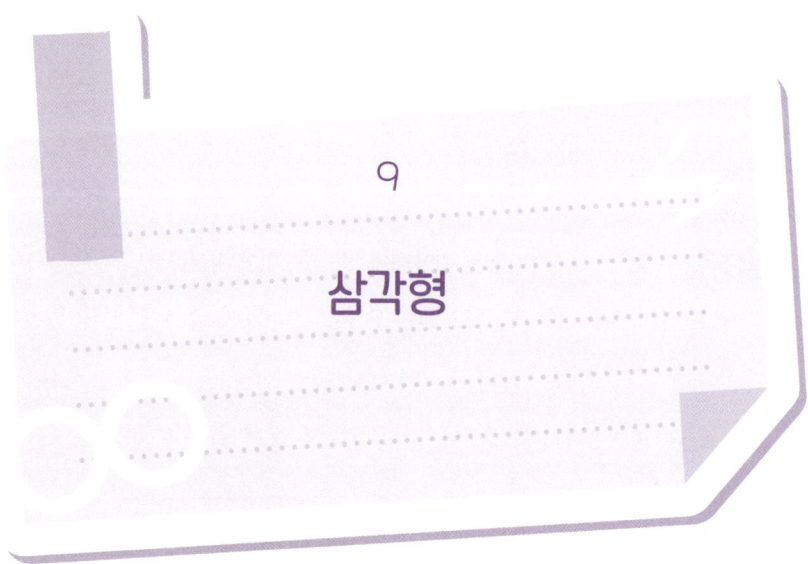

9 삼각형

개념 쏙~쏙~

　다각형 중 우리와 가장 친숙한 도형이 바로 삼각형입니다. 제일 먼저 배우는 다각형이 삼각형이기 때문이죠. 삼각형은 변의 길이에 따라 이등변 삼각형, 정삼각형으로 나눕니다. 이등변 삼각형은 두 변의 길이가 같은 삼각형이고, 길이가 같은 두 변에 있는 두 각의 크기가 같습니다. 정삼각형은 세 변의 길이가 같은 삼각형이고, 세 각의 크기가 모두 같은 삼각형입니다. 그렇다면 모든 정삼각형은 이등변 삼각형일까요? 정답입니다. 정삼각형은 세 변의 길이와 세 각의 크기가 모두 같기에 두 변의 길이와 길이가 같은 두 변에 있는 두 각의 크기도 당연히 같을 수밖에 없죠. 반대로 모든 이등변 삼각형은 정삼각형일까요? 틀렸습니다. 다음 이등변 삼각형을 볼까요?

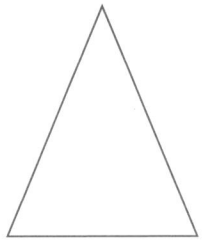

이등변 삼각형은 두 변의 길이와 양 끝 각의 크기는 같지만 다른 한 변의 길이와 다른 한 각의 크기는 다릅니다. 따라서 세 변의 길이와 세 각의 크기가 같은 정삼각형은 될 수 없습니다.

이등변 삼각형은 또 하나의 성질이 있어요.

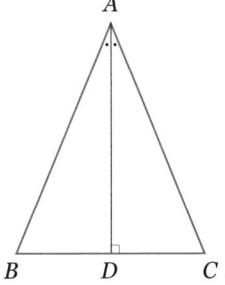

이등변 삼각형의 각 A를 이등분하는 선은 밑변 BC를 수직 이등분하므로 선분 BD와 선분 CD의 길이는 같습니다. 각 A를 꼭지각이라고 하는데, 각 A를 이등분하는 선분 AD를 중심으로 이등변 삼각형을 반으로 접으면 정확히 포갤 수 있습니다. 따라서 삼각형 ABD와 삼각형 ACD는 합동이 됩니다.

또 삼각형은 각의 크기에 따라 예각 삼각형, 직각 삼각형, 둔각 삼각형으로 나눌 수 있습니다. 예각 삼각형은 세 각이 모두 예각인 삼각형이고, 직각 삼각형은 직각이 있는 삼각형, 둔각 삼각형은 한 각이 둔각인 삼각형이죠.

예각 삼각형	직각 삼각형	둔각 삼각형
△	◣	◁

수학의 원리

학생   선생님! 둔각 삼각형은 왜 한 각이 둔각인 삼각형인가요? 예각은 세 각이 모두 예각일 때 예각 삼각형이 되잖아요. 아무리 봐도 이상해요.

선생님   정말 이상하다고 생각하니? 둔각의 정의를 생각해 봐.

학생   둔각은 90도보다 큰 각도입니다.

선생님   그럼 둔각이 2개만 있어도 180도를 훌쩍 넘잖아.

학생   아! 삼각형은 세 각의 합이 180도니까 그런 삼각형은 있을 수 없겠네요.

선생님   그렇지. 잘 알겠지?

한 줄 개념 정리

선생님   이등변 삼각형은 두 변의 길이가 같아.

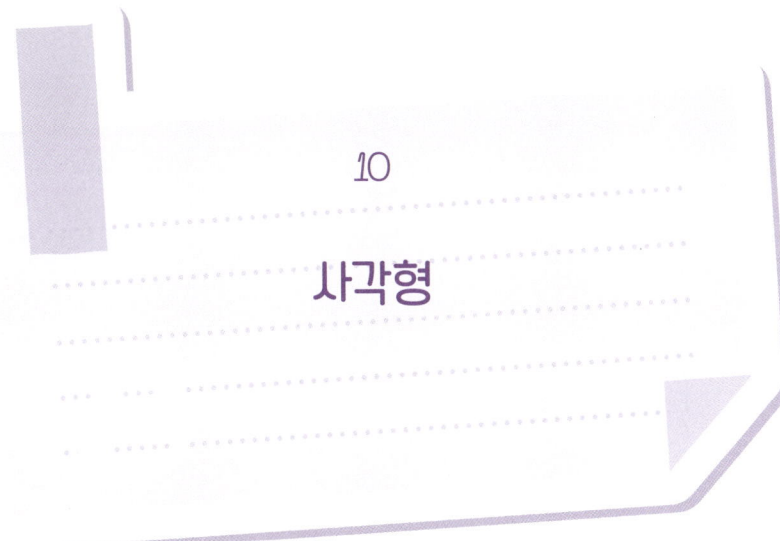

10 사각형

생활 속 수학

주변을 둘러보세요. 창문이 보이나요? 창문은 어떤 모양인가요? 혹시 창문 밖에 건물이 보인다면 그 건물은 어떤 모양이죠? 그리고 여러분이 지금 읽고 있는 책은 어떤 모양일까요? 바로 사각형입니다. 우리는 생활 속에서 수많은 사각형을 만납니다. 셀 수 없을 정도로 많은 사각형이 있죠. 그런데 사각형은 모두 모양이 조금씩 다르고 특징도 다릅니다. 사각형을 공부하기 전에 먼저 수직과 수선, 평행선과 평행의 개념을 꼭 알아야 합니다.

개념 쏙~쏙~

수직과 수선	평행선

 두 직선이 만나서 이루는 각이 직각이면 두 직선은 서로 '수직'이라고 하며, 한 직선을 다른 직선에 대한 '수선'이라고 하죠. 평행선을 알아볼까요? 한 직선에 수직인 두 직선을 그으면 두 직선은 만나지 않습니다. 서로 만나지 않는 두 직선을 '평행'하다고 하며 두 직선을 '평행선'이라고 하죠.

 수직과 수선, 평행과 평행선의 개념을 알면 사다리꼴을 이해할 수 있어요. 사다리꼴의 정의는 '평행한 변이 있는 사각형'이 전부기 때문이죠. 네 변의 길이, 각의 크기 등은 아무런 상관없어요. 그저 평행한 변만 한 쌍 있으면 됩니다. 정의가 까다롭지 않으니 수많은 사각형 중에 사다리꼴은 꽤나 많을 것 같네요. 이제 사다리꼴보다 한 가지 규칙이 더 있는 사각형이 등장합니다. 바로 평행 사변형이죠. 사다리꼴에 평행한 변을 하나 더 추가해서 마주 보는 변 두 쌍이 서로 평행한 사각형입니다. 조금씩 규칙이 늘어나고 있네요. 평행 사변형의 기본 성질을 갖춘 사각형은 2개로 나뉘어요. 네 변의 길이가 모두 같으면 마름모, 네 각의 크기가 모두 같으면 직사각형으로요. 마지막 남은 정사각형은 마름모의 특징과 직사각형의 특징을 모두 포함해야 합니다. 네 변의 길이도 같고, 네 각의 크기도 같아야 하죠. 이제 다음 그림이 좀 이해되나요?

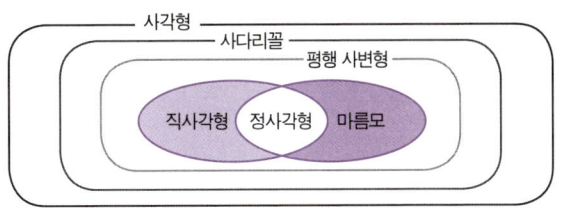

 정확히 이해할 수 없다면 한 번 더 살펴볼게요. 화살표로 이어지는 사각형은 모두 앞에 있는 사각형의 범주에 포함됩니다. 예를 들어 사다리꼴은 사각형의 성질이 있으면서 사다리꼴 특유의 성질도 있어야 합니다. 선분이 4개 있으면서 평행한 변도 있어야 합니다. 오른쪽으로 갈수록 좀 더 까다로운 사각형으로 이해하면 편리합니다. 정사각형은 무려 다섯 가지 조건을 충족해야 비로소 정사각형이 되기 때문이죠.

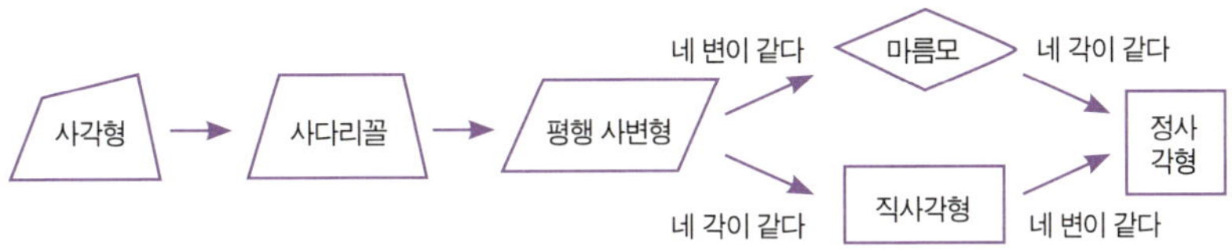

사각형	사다리꼴	평행 사변형	마름모	직사각형	정사각형
선분 4개로 된 다각형	선분 4개로 된 다각형	선분 4개로 된 다각형	선분 4개로 된 다각형	선분 4개로 된 다각형	선분 4개로 된 다각형
	평행한 변이 있는 사각형	평행한 변이 있는 사각형	평행한 변이 있는 사각형	평행한 변이 있는 사각형	평행한 변이 있는 사각형
		마주 보는 변 두 쌍이 서로 평행한 사각형	마주 보는 변 두 쌍이 서로 평행한 사각형	마주 보는 변 두 쌍이 서로 평행한 사각형	마주 보는 변 두 쌍이 서로 평행한 사각형
			네 변의 길이가 같은 사각형	네 각의 크기가 같은 사각형	네 변의 길이가 같은 사각형
					네 각의 크기가 같은 사각형

수학의 원리

선생님　이제 좀 이해할 수 있겠니?

학생　맨날 헷갈렸는데 이제 좀 이해할 수 있을 것 같아요.

선생님　그럼 문제를 풀어 보자구나. 빈칸을 채워 보렴.

학생　네! 마름모와 직사각형만 조심하면 될 것 같아요. 포함 관계도 문제없어요!

사각형, 사다리꼴, 평행 사변형	사각형, 사다리꼴, 평행 사변형, 마름모	사각형, 사다리꼴, 평행 사변형, 직사각형	사각형, 사다리꼴, 평행 사변형, 마름모, 직사각형, 정사각형

선생님　포함 관계는 문제없으니 사각형의 성질과 관련된 문제도 풀 수 있겠니?

학생　그럼요. 문제없어요.

선생님　좋아. 지금까지는 사각형 '정의'를 알아보았고, '성질'은 좀 더 구체적이야. 성질을 보고 풀어 보렴!

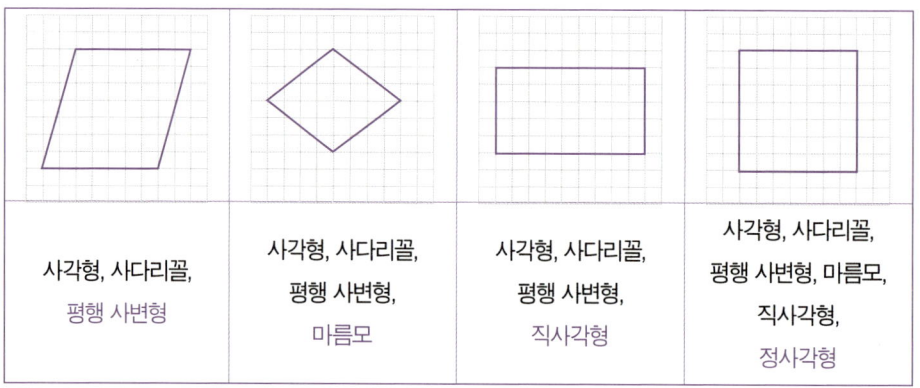

[성질]	[성질]
① 마주 보는 두 변의 길이가 같음	① 네 변의 길이가 모두 같음
② 마주 보는 두 각의 크기가 같음	② 마주 보는 두 각의 크기가 같음
③ 이웃하는 두 각의 크기 합이 180도	③ 이웃하는 두 각의 크기 합이 180도
④ 두 대각선이 서로 다른 것을 이등분	④ 두 대각선은 서로 다른 것을 수직 이등분
$6cm$, 130도	$5cm$, 130도

학생   제가 푼 것이 맞죠? 선생님께서 성질을 알려 주셔서 쉽게 풀 수 있었어요.

선생님   잘했어. 평행 사변형과 마름모의 큰 차이점은 네 변의 길이와 수직 이등분이야. 꼭 기억해!

학생   감사합니다. 사각형 마스터가 될 수 있을 것 같아요.

한 줄 개념 갱리

아빠   평행 사변형은 네 변의 길이가 같으면 마름모, 네 각의 크기가 같으면 직사각형으로 나뉘어.

11
다각형

개념 쏙~쏙~

삼각형, 사각형, 오각형, 육각형 등 우리가 ○각형이라고 부르는 모든 도형은 다각형이에요. 다각형 정의는 선분으로만 둘러싸인 도형입니다. 최근에는 여러 다각형을 이용하여 원에 가장 가까운 축구공을 사용하지만, 이전에는 오각형과 육각형 32개를 사용하여 만든 축구공이 일반적이었습니다. 오각형과 육각형으로 동그란 공을 만들었다니 참 신기하죠? 다각형은 곡선이 포함되면 안 되고 선분끼리는 모두 연결해야 하는 특징이 있습니다.

오른쪽 그림은 왜 다각형이 아닐까요?

이 도형은 곡선도 2개나 있고,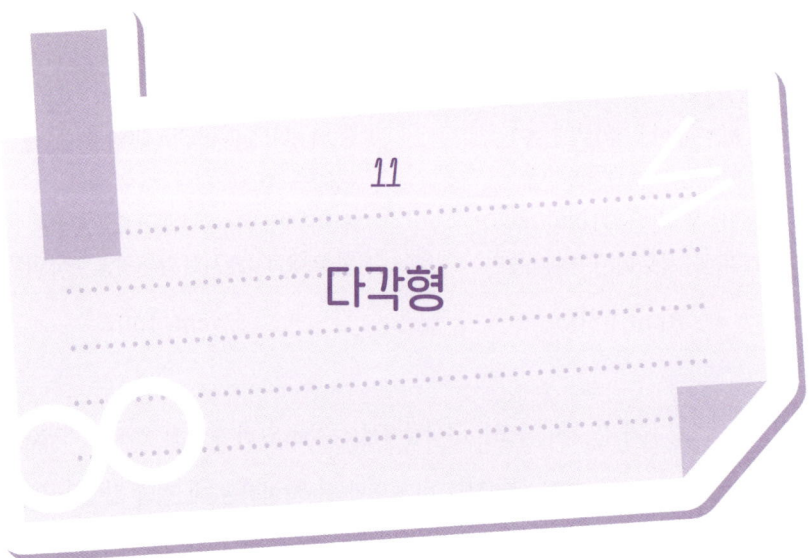
모든 선분이 연결되지도 않았기에 다각형이 될 수 없습니다.

다각형 중에서 변의 길이와 각의 크기가 모두 같은 다각형을 정다각형이라고 합니다.

도형을 보고 변의 수와 각의 수를 세어 본 뒤 다각형 이름을 지어 볼게요.

정삼각형	정사각형	정오각형	정육각형
변의 수: 3	변의 수: 4	변의 수: 5	변의 수: 6
각의 수: 3	각의 수: 4	각의 수: 5	각의 수: 6

수학의 원리

학생   다각형은 정말 쉽네요. 변의 수와 각의 수만 알면 되니까요.

선생님   그러면 변의 수와 각의 수가 각각 8개인 도형은 무얼까?

학생   정팔각형입니다.

선생님   맞아. 하지만 정□각형은 변의 길이와 각의 크기가 모두 같아야 한다는 사실을 잊어버리면 안 된단다.

학생   선생님! 저 그런데 대각선을 그어 보다가 규칙을 찾았어요.

선생님   설마 중학교에서 나오는 그 내용을 말하니?

학생   네? 그건 잘 모르겠는데요. 사각형은 한 꼭짓점에서 그을 수 있는 대각선의 수가 1개, 오각형은 2개, 육각형은 3개, 칠각형은 4개예요.

선생님   이럴 수가…… 어떻게 그걸 찾아냈니?

학생   그게 다가 아니에요. 한 꼭짓점에서 그을 수 있는 대각선의 수와 꼭짓점의

|||수를 곱하면 총 대각선의 수가 나옵니다.
선생님 이제 내가 너에게 배울 차례구나.
학생 저 대단하죠? 그래서 꼭짓점의 수×(꼭짓점의 수−3)이라는 식을 세웠어요.
선생님 식을 세웠다니 정말 대단하다. 하지만 육각형은 6×(6−3)을 하면 18이잖니. 실제 육각형은 대각선이 9개란다.
학생 모르겠어요. 식을 잘못 세웠나 봐요.
선생님 아니야. 정말 대단한 거란다. 점 A와 점 C가 있는데, 점 A에서 점 C로 그은 대각선과 점 C에서 점 A로 그은 대각선을 모두 포함시켜서 그런 거야. 네가 세운 식에 ÷2를 하면 되지!
학생 와우, 선생님! 정□각형의 대각선 수는 □×(□−3)÷2로 계산하면 돼요.
선생님 기특하구나. 이제 정백각형도 구할 수 있겠어.
학생 정백각형은 100×(100−3)÷2=4,850입니다.
선생님 잘했어.

한 줄 개념 정리

선생님   정□각형의 대각선 수는 □×(□−3)÷2!

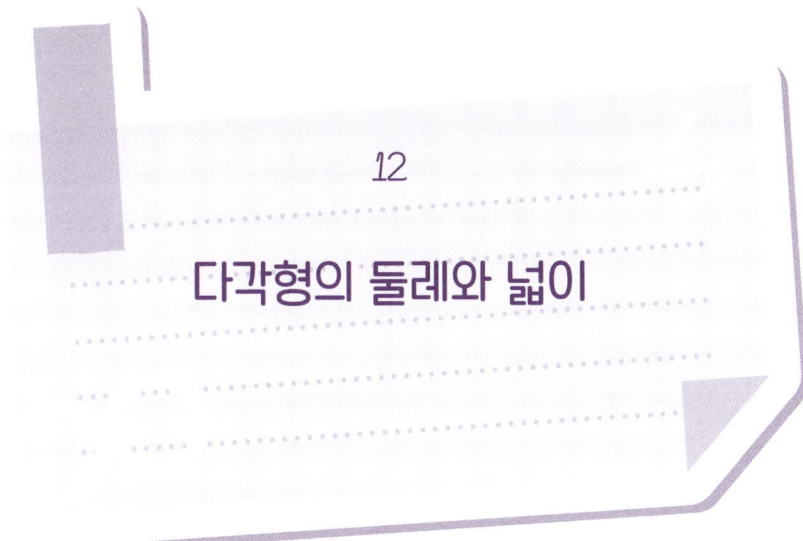

12
다각형의 둘레와 넓이

생활 속 수학

 매일 배부르게 식사와 간식을 먹고 운동을 하지 않으면 배 둘레가 점점 늘어나는 모습을 볼 수 있어요. 허리둘레를 측정하는 단위는 $inch$(인치)라고 하죠. 바지를 살 때 20인치, 22인치처럼 부르죠. 바지는 허리둘레를 기준으로 수치를 기입해요. 국어사전에서 둘레를 검색해 보면 '사물의 테두리나 바깥 언저리', '사물의 가를 한 바퀴 돈 길이'로 정의되어 있습니다. 허리 인치를 측정하는 것처럼 다각형의 테두리 길이를 측정하면 둘레를 알 수 있죠. 넓이 정의는 '일정한 평면에 걸쳐 있는 공간이나 범위의 크기'입니다. 따라서 면이 평평한 이차원 공간의 크기를 측정하면 넓이를 알 수 있습니다. 사각형 둘레는 네 변의 길이를 모두 더하면 됩니다. 이때 도형 성질을 알고 있으면 간단하게 구할 수 있죠.

개념 쏙~쏙~

도형	평행 사변형	직사각형	마름모
	12cm, 9cm	15cm, 10cm	6cm
성질	마주 보는 두 변의 길이가 같다.		네 변의 길이가 같다.
계산식	(한 변의 길이+ 이웃한 변의 길이)×2 = (12+9)×2	(가로+세로)×2 = (15+10)×2	(한 변의 길이)×4 = 6×4
정답	42cm	50cm	24cm

학생   선생님이 알려 주신 대로 둘레는 쉽게 해결했어요.

선생님   잘했어.

학생   넓이도 공부한 대로 표를 만들었어요.

선생님   오! 단위 변환까지 했구나?

학생   네. 단위 변환을 해 보니 넓이 차이가 꽤나 크다는 사실을 알았어요.

넓이			
	$1\,cm^2$	$1\,m^2$	$1\,km^2$
계산식	$1cm \times 1cm = 1\,cm^2$	$1m \times 1m = 1\,m^2$	$1km \times 1km = 1\,km^2$
단위 변환	$1cm \times 1cm = 1\,cm^2$	$100cm \times 100cm$ $= 10{,}000\,cm^2$	$1000cm \times 1000cm$ $= 1{,}000{,}000\,cm^2$

선생님　맞아. 똑같은 단위로 변환해 보면 그 차이를 더욱 잘 느낄 수 있단다.

학생　$1cm^2$와 $1m^2$는 무려 1만 배 차이가 났고 $1cm^2$와 $1km^2$는 100만 배나 차이가 났어요.

선생님　그렇지. 다각형 넓이도 한번 구해 보자.

학생　열심히 풀어 볼게요!

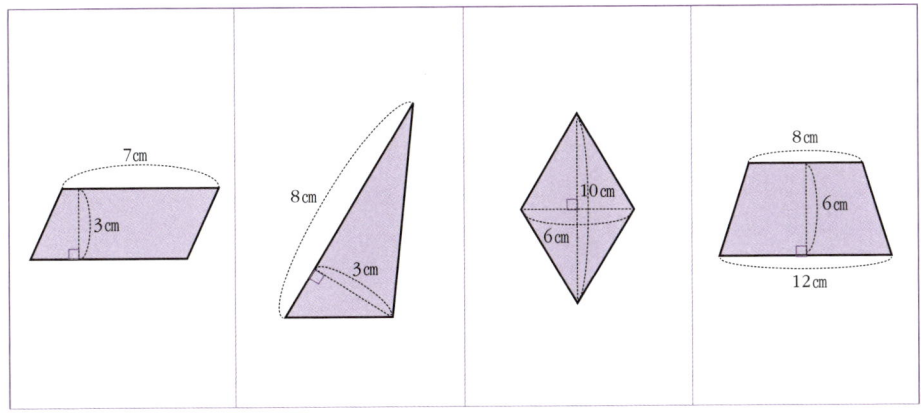

[평행 사변형의 넓이]	[삼각형의 넓이]	[마름모의 넓이]	[사다리꼴의 넓이]
(밑변)×(높이)	(밑변)×(높이)÷2	(한 대각선의 길이)×(다른 대각선의 길이)÷2	(윗변의 길이+아랫변의 길이)×높이÷2
7×3=21㎠	8×3÷2=12㎠	10×6÷2=30㎠	(8+12)×6÷2 =60㎠

선생님   공식을 잘 외워서 풀었구나.

학생   그럼요. 매일 1시간씩 수학을 공부했거든요.

선생님   원리를 알면 더 오래 기억에 남는 법이야. 평행 사변형은 끝을 오려서 반대쪽에 붙이면 직사각형이 된다고 알고 있지? 똑같은 삼각형 2개를 그림처럼 이어 붙이면 평행 사변형이 되지. 그래서 평행 사변형의 넓이를 2로 나누어 주는 거야. 평행 사변형의 넓이는 (밑변)×(높이)이기 때문에 삼각형 1개의 넓이는 그 값에 ÷2를 해 준단다. 그래서 삼각형의 넓이 공식이 탄생하지.

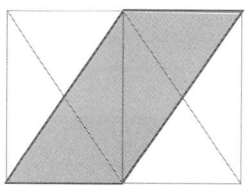

학생   마름모는 제가 알아요. 마름모는 한 대각선과 다른 대각선을 곱하면 그림처럼 직사각형의 넓이가 나와요. 그래서 나누기 2를 해 주는 거예요.

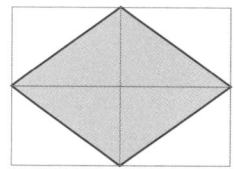

선생님　사다리꼴도 혹시 아니?

학생　그럼요. 똑같은 사다리꼴 2개를 서로 뒤집어서 이어 붙이면 이번에도 평행 사변형이 됩니다. 평행 사변형을 구하는 공식으로 구한 뒤 2로 나누면 되지요. 따라서 (윗변+아랫변)×높이÷2입니다.

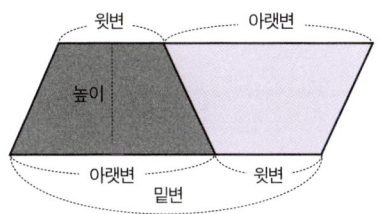

선생님　잘했어. 이 문제까지 풀면 집에 가도 좋다.

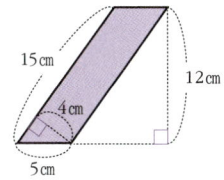

학생　평행 사변형 공식으로 풀어 볼게요. 평행 사변형은 (밑변)×(높이)로 계산하므로 15×4=60㎠로 풀거나 5×12=60㎠로 구할 수 있습니다.

선생님　다음에는 선생님이 가르침을 받아야겠구나.

한 줄 개념 정리

엄마　도형의 둘레는 테두리, 넓이는 공간의 크기로 구하면 된단다.

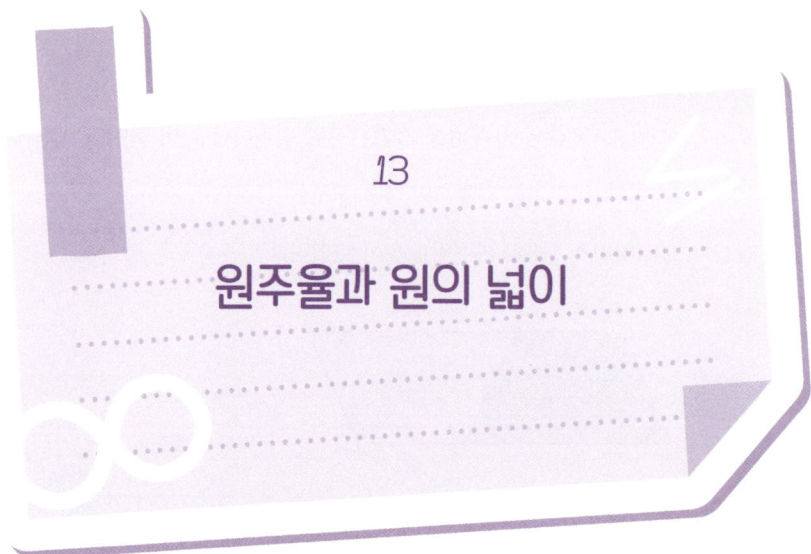

13 원주율과 원의 넓이

개념 쏙~쏙~

원주율은 그리스 문자 π로 표기하고 '파이'라고 읽어요. 원주율은 18세기 스위스 수학자 오일러가 처음 사용한 용어로 둘레를 뜻하는 고대 그리스어 페리메트로스(περιμετρος)에서 머리글자를 따왔다고 해요. 원주율은 원의 둘레와 지름의 비율을 나타내는 무리수예요. '무리수'는 간단히 설명하면 소수점 아래의 숫자가 규칙 없이 나열되어 특정한 숫자로 표기할 수 없는 수예요. 우리는 원주율을 3.14라고 알고 있지만 사실은 3.14159265358979…처럼 끝없이 이어지죠. 우리는 간단히 3.14로 표기하고 계산합니다. 전 세계적으로 '파이 데이'도 있어요. 바로 3월 14일이죠. 화이트데이인 줄 알았던 3월 14일이 사실은 파이 데이라니 놀랍죠? 미국은 3월 14일에 $3.14km$ 마라톤 대회, 파이 값 구하기, 파이 먹기 등 행사를 합니다. 세계 여러 나라에서는 이 날을 '수학의 날'로 지정하여 수학 행사를 열기도 해요. 심지어 3월 14일은 아인슈타인의 생일이라고도 하네요. 놀랍죠? 원주율은 지구상에 있는 어떤 원이든지 모두 똑같아요. 지름이 5𝑐𝑚인 원, 10𝑐𝑚인 원, 20𝑐𝑚인 원 모두 동일하죠.

원주는 원둘레입니다. 원둘레는 이미 배웠던 원주율과 지름을 사용하여 구하면 될까요? 원리를 알면 기억에 오래 남습니다. 그림처럼 동그란 원이 오른쪽으로 한 바퀴 돈다고 생각해 볼게요.

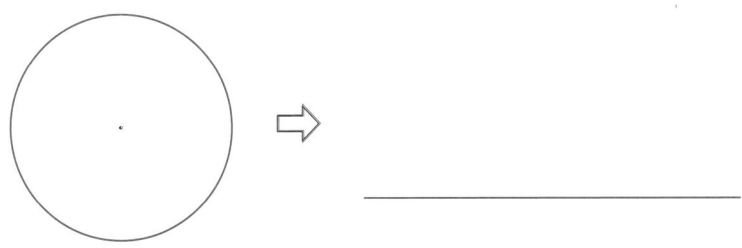

잉크를 찍어 한 바퀴를 굴려 보면 지름의 3.14배 정도 길이로 표시됩니다. 이처럼 원둘레(원주)를 구하려면 원을 직접 굴려 보면 알 수 있어요. 정말 신기한 점은 지름이 다른 모든 원을 굴려 보아도 (원주)÷(지름)은 항상 일정하게 나와요. 바로 앞에서 말한 3.14로 말이죠. 공식으로 표현하면 (원주율)=(원주)÷(지름)= $\frac{원주}{지름}$ 로 나타낼 수 있답니다. 이제 활용해 볼까요? 원주율은 3.14로 일정하므로 원주를 알면 지름을 구할 수 있어요. 반대로 지름을 안다면 원주도 구할 수 있죠. 사칙 연산에서 등호로 표현된 식은 양변에 더하기, 빼기, 곱하기, 나누기를 똑같이 해도 된다고 배웠어요.

(원주)÷(지름)=(원주율)

⇩ 양변에 ×(지름)

(원주)=(지름)×(원주율)

⇩ 양변에 ÷(원주율)

(지름)=(원주)÷(원주율)

그렇다면 원의 넓이는 어떻게 구할 수 있을까요? 우리는 다각형의 넓이를 배우는 공식만 배웠고, 동그란 원을 측정하는 공식은 아직 배우지 않았죠. 그런데 우리가 배운 다각형의 넓이 공식으로 원의 넓이를 구할 수 있답니다.

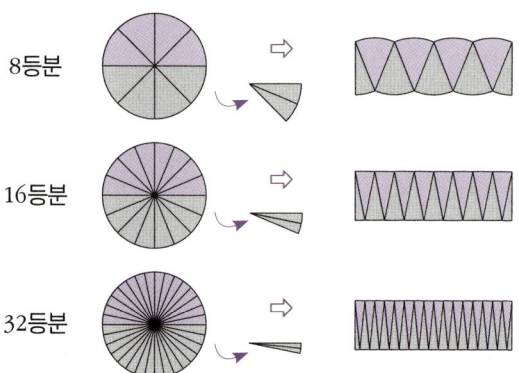

앞의 그림처럼 원을 8등분, 16등분, 32등분, 64등분 등으로 잘라 이어 붙여 보면 점점 우리가 잘 아는 도형인 직사각형으로 바뀝니다. 직사각형은 가로와 세로를 구해서 넓이를 구합니다. 원을 잘라 이어 붙여 만든 직사각형의 가로는 원주의 $\frac{1}{2}$이고, 세로는 원의 반지름입니다.

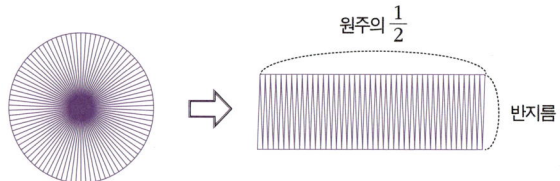

이제 원의 넓이를 구해 볼까요? 원의 넓이=(원주)×$\frac{1}{2}$×(반지름)입니다. 바로 앞에서 원주는 뭐라고 했었죠? 바로 (원주)=(지름)×(원주율)이었죠? 앞의 식 원주에 대입해 볼게요.

원의 넓이=(지름)×(원주율)×$\frac{1}{2}$×(반지름)

= (원주율)×(지름)× $\frac{1}{2}$ ×(반지름)

= (원주율)×(반지름)×(반지름)

이렇게 식을 바꿀 수 있습니다.

수학의 원리

선생님 원주율과 원의 넓이를 잘 배웠는지 확인해 보자꾸나. 다음 색칠한 부분의 넓이는 얼마일까?

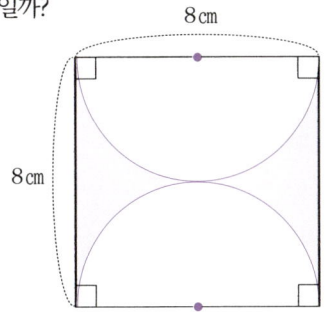

학생 저는 직사각형의 넓이에서 지름이 $8cm$인 원의 넓이를 빼면 된다고 생각해요. 직사각형의 넓이는 8×8=64㎠고, 원의 넓이는 3.14×4×4=50.24㎠입니다. 직사각형의 넓이 64㎠에서 원의 넓이 50.24㎠를 빼면 색칠한 부분의 넓이 13.76㎠를 구할 수 있습니다.

선생님 대단하구나. 역시 내 제자야. 이 문제는 좀 어려운데 풀 수 있겠니?

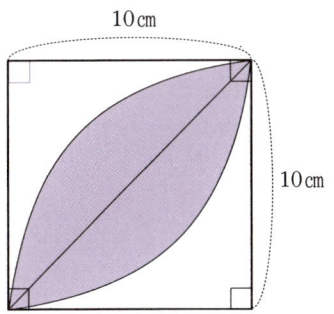

학생   문제없어요! 반지름이 $10cm$인 원의 $\frac{1}{4}$ 조각 크기를 구하고, 가로세로가 $10cm$인 삼각형의 넓이를 빼요. 그리고 똑같은 모양이 2개 있으니 2배를 하면 됩니다.

선생님   누가 보면 중학생인 줄 알겠는걸?

학생   구해 볼게요. $3.14 \times 10 \times 10 \times \frac{1}{4} - 10 \times 10 \times \frac{1}{2} = 78.5 - 50 = 28.5$㎠입니다. 이 모양이 2개 있으니 $28.5 \times 2 = 57$㎠예요.

선생님   다음에는 선생님이 오히려 배워야겠구나. 어서 집에 가자.

한 줄 개념 정리

엄마   원의 넓이는 (원주율)×(반지름)×(반지름)이야.

14
직육면체와 정육면체

생활 속 수학

혹시 1학년과 2학년 때 배웠던 상자 모양, 둥근기둥 모양, 공 모양이 기억나나요? 우리는 8살, 9살 때 이미 입체 도형의 기초를 배웠어요. 대단하죠? 입체 도형은 우리가 실생활에서 많이 만나지만 정확한 명칭으로 배우는 것은 5학년 수학 시간입니다. 주변에서 흔히 볼 수 있는 네모난 필통, 보온 물병, 공은 모두 입체 도형입니다. 입체 도형은 3차원 도형으로, 면으로 둘러싸인 경계가 정해진 공간의 한정된 일부분입니다. 즉, 평면이나 곡면인 도형으로 둘러싸인 도형을 의미하죠. 직육면체와 정육면체는 수학에서 다루는 가장 기초적이면서도 중요한 입체 도형입니다. 직육면체와 정육면체를 알아볼까요?

개념 쏙~쏙~

이름	직육면체	정육면체
정의	직사각형 6개로 둘러싸인 도형	정사각형 6개로 둘러싸인 도형
겨냥도	※ 입체 도형의 모양을 잘 알 수 있도록 보이는 모서리는 실선, 보이지 않는 모서리는 점선으로 나타낸 그림	
전개도	※ 입체 도형의 모서리를 잘라서 펼친 그림	
특징	면의 수(6), 모서리의 수(12), 꼭짓점의 수(8)가 동일하다.	

입체 도형에서 학생들이 가장 헷갈려 하는 질문을 4개 모았어요. 함께 해결해 볼까요? 정답을 미리 알고 있다면 무척이나 똑똑한 친구겠네요.

수학의 원리

질문 1) 밑면은 꼭 밑에만 있나요?

답변 1) 아닙니다. 밑면 위치는 상관없어요. 밑면은 서로 마주 보며 두 면을 내 마음대로, 또는 문제에서 마음대로 정할 수 있어요. 그러면 밑면을 제외하면 4개는 옆면이 되죠. 또 하나 중요한 점은 밑면과 옆면은 서로 수직으로 만난답니다.

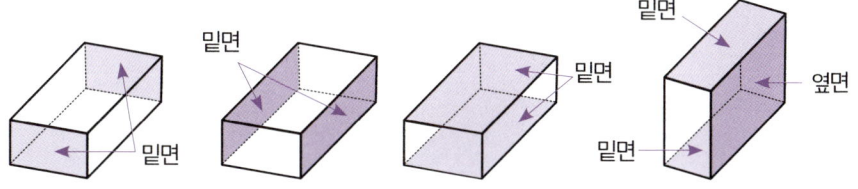

질문 2) 정육면체의 전개도는 모두 몇 개인가요?

답변 2) 정육면체의 전개도는 모두 11개입니다. 외울 필요는 없지만 모양 11개를 익혀 두면 문제를 푸는 데 어려움이 없겠죠?

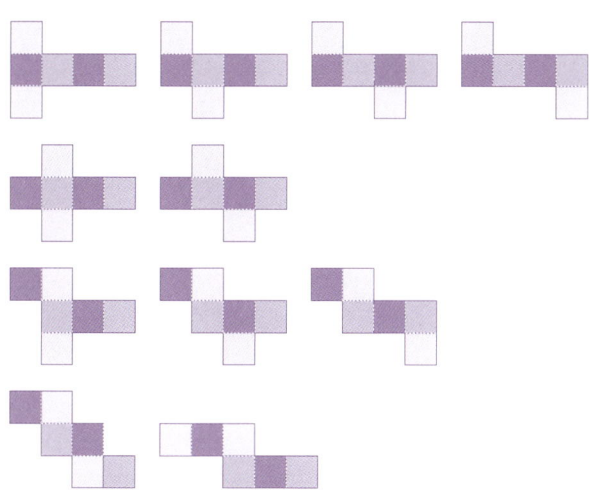

질문 3) 모든 직육면체는 정육면체인가요?

답변 3) 아닙니다. 직육면체는 정육면체일 수도 있고 아닐 수도 있습니다. 직육면체는 직사각형으로 둘러싸인 도형이기 때문이죠. 하지만 반대로 모든 정육면체는 직육면체입니다. 정육면체는 정사각형으로 둘러싸여 있는데, 모든 정사각형은 직사각형이기 때문이죠.

질문 4) 직육면체에서 서로 마주 보는 면은 어떻게 찾나요?

답변 4) 여러분이 머릿속으로 직육면체의 전개도를 접는다고 상상해 보세요. 그러면 그림처럼 가-바, 나-라, 다-마가 서로 마주 보고 있을 것입니다. 마주 보는 두 면은 서로 네 변이 길이와 각의 크기, 넓이까지 모두 같답니다.

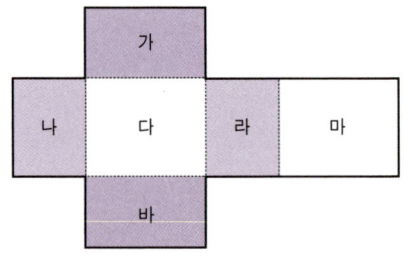

한 줄 개념 정리

엄마　직육면체와 정육면체는 모두 마주 보는 두 면의 크기가 같아.

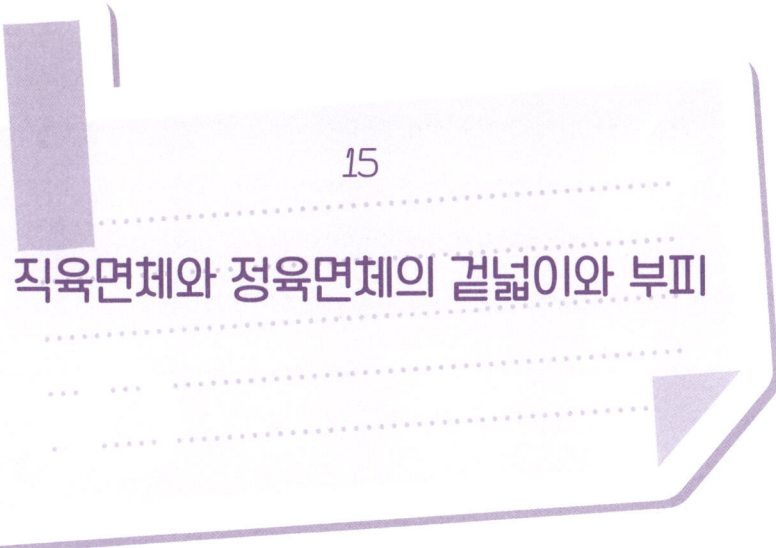

15
직육면체와 정육면체의 겉넓이와 부피

개념 쏙~쏙~

직육면체와 정육면체의 특징을 떠올려 보세요. 직육면체는 직사각형 6개로 둘러싸인 도형이고, 정육면체는 정사각형 6개로 둘러싸인 도형입니다. 그러면 정육면체의 겉넓이를 구할 때 직사각형 6개의 넓이를 더하면 됩니다. 간단하죠? 겉넓이는 여섯 면의 넓이를 각각 구해 더할 수도 있지만, 직육면체의 특징을 떠올리면 계산하기 쉬워요. 바로 직육면체는 서로 마주 보고 있는 직사각형끼리 평행하고 크기가 같다는 점이죠.

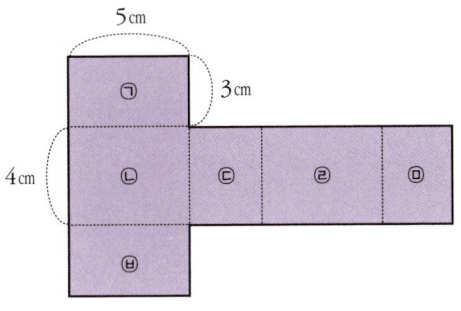

㉠과 ㉥, ㉡과 ㉣, ㉢과 ㉤은 합동입니다. 따라서 (㉠+㉡+㉢)×2로 계산할 수 있습니다. 계산해 보면, (15+20+12)×2=94㎠가 되죠.

다른 방법도 있어요. ㉡, ㉢, ㉣, ㉤을 하나의 큰 직사각형으로 계산하고 ㉠과 ㉥을 더할 수도 있어요. 그러면 큰 직사각형의 넓이는 (5+3+5+3)×4=64㎠고, ㉠과 ㉥의 넓이를 합한 30㎠와 더하면 똑같이 94㎠로 구할 수 있습니다.

정육면체는 더욱 간단합니다. 정사각형 6개의 넓이를 더하면 되므로 정사각형 1개의 넓이에 곱하기 6을 하면 됩니다. 식으로 나타내면 (한 모서리의 길이)×(한 모서리의 길이)×6이죠.

부피는 가로세로, 높이가 모두 $1cm$인 정육면체 1㎤가 기준입니다. 1세제곱센티미터라고 읽죠. 흔히 보는 쌓기 나무를 연상하면 되어요. 부피는 겉넓이보다 구하기가 쉽습니다. 가로세로, 높이를 모두 곱하면 끝이에요. 하지만 무작정 암기해 버리면 금방 잊어버려 어려운 문제에 활용할 때 어려움을 겪을 수도 있어요. 그림을 보면서 이해하면 기억에 오래 남는답니다.

앞의 직육면체는 가로 부분에 1㎤가 4개, 세로 부분에도 1㎤가 4개예요. 1층에는 쌓기 나무가 4×4=16개 있죠. 총 3층까지 쌓여 있으므로 16×3=48개입니다. 부피로 나타내면 48㎤죠. 이것이 바로 우리가 부피 문제를 만나면 (가로)×(세로)×(높이)를 하는 이유입니다.

정사각형 넓이를 구할 때는 가로와 세로만 곱했는데, 직육면체는 높이까지 곱해야 되므로 단위가 변화면 숫자의 크기 변화도 큽니다. 1㎤를 100만 배 해야 1㎥가 나와요. 참고로 1㎤는 1ml와 단위가 똑같아요. 1L는 1,000mL이므로 1L를 1,000㎤로 표기해도 된답니다. 1㎥가 1L라고 착각하는 친구들도 있어요. 1㎥는 1L가 아니라 1,000L 랍니다.

부피		
	1㎤	1㎥
계산식	$1cm \times 1cm \times 1cm = 1㎤$	$1m \times 1m \times 1m = 1㎥$
단위 변환	$1cm \times 1cm \times 1cm = 1㎤$	$100cm \times 100cm \times 100cm$ $= 1,000,000㎤$

수학의 원리

문제) 다음 정육면체의 부피는 얼마인가요?

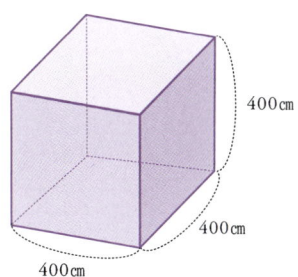

풀이) 단위를 바꾸지 않고 풀 수도 있고 단위를 바꾸어서 풀 수도 있어요. 문제 그대로 풀이하면 $400cm \times 400cm \times 400cm = 64,000,000$㎤가 됩니다. 단위를 바꾸면 $4m \times 4m \times 4m = 64$㎥로 간단히 해결할 수도 있습니다.

한 줄 개념 정리

남학생   직육면체의 겉넓이는 사각형 6개 더하기, 부피는 (가로)×(세로)×(높이)예요.

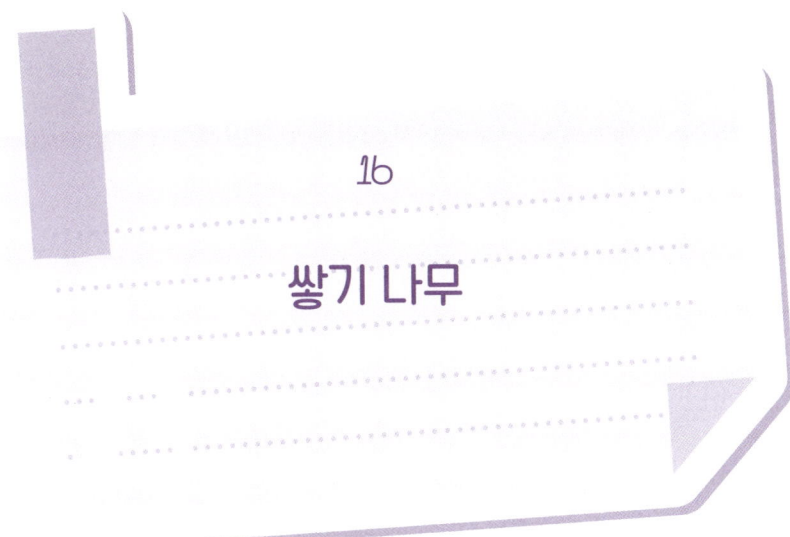

16
쌓기 나무

생활 속 수학

쌓기 나무를 재미있게 쌓고 나서 바라보면 어떤가요? 신기하게도 위, 앞, 옆에서 바라본 모습이 모두 다릅니다. 쌓기 나무를 앞에서 바라보고 추측한 모습과 실제 쌓기 나무의 모습이 달라 깜짝 놀랄 수도 있죠. 쌓기 나무를 왜 배울까요? 여러분의 '공간 감각'을 기르기 위해서죠. 모두 같은 장소에 도착했더라도 눈에 들어오는 것은 다 달라요. 공간을 구성하는 물체들의 관계, 공간 해석 능력이 모두 다르기 때문이죠. 눈에 보이지 않는 것을 상상해서 해결함으로써 이 능력을 기를 수 있어요. 그렇기에 우리는 쌓기 나무로 규칙을 찾는 활동까지 배우죠. 사실은 그저 내 마음대로 쌓고 몇 개인지 확인만 하면 될 것 같기에 이해가 잘 안 될 수도 있어요. '세상에는 눈에 보이는 것이 전부가 아니야.'라는 말이 있어요. 눈에 보이지 않는 것도 알아야 수학 실력이 쑥쑥 늘어난답니다.

개념 쏙~쏙~

먼저 질문 하나 할게요. 다음 쌓기 나무 그림을 보고 몇 개인지 말할 수 있나요?

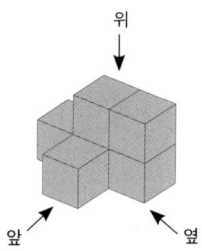

6개인가요? 그런데 우리 눈에 보이지 않는 곳에 더 있을 가능성은 없을까요? 보이지 않는 부분이 있어 정확히 알 수가 없어요. 그래서 우리는 위, 앞, 옆에서 본 모양을 모두 그리고 쌓기 나무의 개수를 추측합니다.

그림에서 앞과 옆에서 본 모양을 보니 보이지 않는 곳에 쌓기 나무가 숨어 있지는 않았네요. 쌓기 나무의 개수는 6개입니다. 이제 반대로 위, 앞, 옆에서 본 모양을 보고 쌓기 나무로 쌓은 모양을 만들어 볼게요.

이제 위, 앞, 옆에서 본 모양을 토대로 쌓기 나무 모양을 상상해 보고 몇 개인지 파악해 볼 거예요. 모양은 어떻고 쌓기 나무는 또 몇 개가 필요할까요? 쌓기 나무는 8개 필요하고 모양은 그림처럼 그릴 수 있죠.

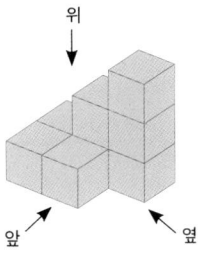

쌓기 나무로 쌓은 모양은 또 다른 두 가지 방법으로 표현할 수 있어요.

쌓기 나무	방법 1	방법 2	
		[1층]	[2층]
	2 2 2 2 1 1		
	위에서 본 모양에 개수 쓰기	층별로 위에서 본 모양 그리기	

쌓기 나무는 앞서 배웠던 위, 앞, 옆에서 본 모습과 방금 배운 두 가지를 더해 세 가지 방법으로 표현할 수 있어요. 다음 그림을 세 가지 방법으로 나타내면서 마칠게요.

방법 1			방법 2	방법 3		
위	앞	옆	1 1 3 3 1 1	1층	2층	3층
위, 앞, 옆에서 본 모습			위에서 본 모양 에 개수 쓰기	층별로 위에서 본 모양 그리기		

집에서 쌓기 나무를 방법 1·2·3으로 표현해 보면 여러분은 공간 감각을 기를 수 있어요. 공간 감각이 뛰어나면 입체 도형을 쉽게 이해할 수 있고, 지도를 보고 길을 잘 찾아가거나 미술 작품을 멋진 구도로 표현할 수도 있어요.

한 줄 개념 정리

선생님   쌓기 나무는 위, 앞, 옆에서 보아야 해.

Note

| 6부 |

확률과 통계
: 수학과 과학의 만남

수학과 친해지고 싶어요

미래를 예측하는 확률과 통계

영국 역사학자 에드워드 카는 『역사란 무엇인가』에서 "역사란 역사학자와 역사적 사실 사이의 부단한 상호 작용이며, 현재와 과거의 끊임없는 대화"라고 말합니다. 우리나라 역사학자 신채호는 역사는 반복되고 역사를 잊은 민족에게 미래는 없다고 했죠. 갑자기 수학책에서 왜 역사 이야기를 할까요? 불확실한 미래를 예측하는 수학의 도전! 바로 확률과 통계를 설명하기 위해서죠. 확률은 주사위 놀이에서 시작되었다는 이야기가 있어요. 주사위 3개를 던져 눈의 합이 나올 확률을 알면 게임에서 이길 확률이 높아지기 때문이죠. 주사위를 던져 맞추는 게임을 하다 보면 어떤 숫자가 더 많이 나오는지 정리할 필요가 있죠. 통계는 주어진 데이터를 수집, 분석, 해석, 표현하는 학문입니다. 17세기부터 본격적으로 현대 통계학이 시작되었어요. 국가에서는 인구, 경제, 사회, 군사 분야 등에 활용하려고 데이터를 수집하고, 수집한 데이터를 토대로 의사 결정을 내리기 시작합니다. 이후 확률과 통계가 융합되며 미래를 효율적으로 예측하고 준비하고 대응하는 것이 가능해졌어요. 기후를 예측하고, 나라의 경제 성장률을 알고, 심지어 전쟁의 승패도 예측할 수 있게 되었습니다. 이것이 바로 빅 데이터의 발견으로 더 중요해진 확률과 통계를 꼭 배워야 하는 이유예요.

한 줄 개념 정리

남학생   통계가 어렵지만 열심히 공부해 볼게요.

1
자료와 그림그래프

생활 속 수학

　우리는 살아가며 수많은 자료를 봅니다. 우리 반 아이 중 남자아이는 몇 명이고 여자아이는 몇 명인지, 멀리뛰기를 $150cm$보다 더 뛸 수 있는 친구는 몇 명인지, ○○게임을 하는 친구는 몇 명인지 등 수많은 자료를 봅니다. AI가 우리 생활에 점점 가까워지고 고도화된 정보 사회가 가속화되면서 더 많은 자료와 마주합니다. 우리 사회에는 하루에도 수천만 개가 넘는 자료가 생겨나고 있습니다. 대부분은 정제된 자료로 제공되지만, 우리에게 꼭 필요한 정보로 만들려면 정보를 가공하는 방법과 올바르게 이해하는 방법을 배워야 합니다. 주어진 정보를 나에게 맞는 방식으로 정리해서 원인과 결과를 분석하는 것도 포함해서 말이죠. 빅 데이터를 들어 본 친구 있나요? AI는 세상의 셀 수 없는 데이터를 모두 모아 체계적으로 정리하고 분석해 냅니다. 사람이 손으로 해결할 수 없는 정도의 양이죠. 최근에는 스몰 데이터가 주목받고 있습니다. 스몰 데이터는 특정 사용자에게 초점을 맞춘 정보를 제공해 줄 수 있습니다. 여러분이 배울 내용도 스몰 데이터와 비슷한 측면이 많죠. 자료와 그림그래프를 열심히 공부해서 친구의 관심사, 우리 반의 관심사를 예측하여 정보를 제공할 수 있다면 무척 재미있는 일이겠죠?

개념 쏙~쏙~

솔이네 반 학생들이 좋아하는 계절을 조사해 보았습니다. 자료를 분석하여 표로 정리해 보세요.

☃	☀	☃	☂	☃	♣	♣
☂	☂	☃	♣	♣	♣	♣
☀	♣	☂	♣	♣	♣	♣

☀: 봄, ☂: 여름, ♣: 가을, ☃: 겨울

우리 반 아이들이 좋아하는 계절을 다음과 같이 나타낼 수 있습니다.

좋아하는 계절	봄	여름	가을	겨울
학생 수(명)	2	4	11	4

표를 그림그래프로 표현하면 다음과 같습니다.

계절	학생 수
봄	☺☺
여름	☺☺☺☺
가을	☺☺
겨울	☺☺☺☺

☺=10명, ☺=1명

학생   선생님! 그림그래프는 한눈에 알아보기 쉬운 것 같아요.

선생님   그렇지. 뉴스에서도 그림그래프는 종종 등장한단다. 그림그래프를 한번 보렴.

계절	강수일수
봄	☂ ☂ ☂ ☂
여름	☂ ☂ ☂ ☂ ☂ ☂
가을	☂ ☂ ☂
겨울	☂ ☂ ☂ ☂ ☂ ☂

☂ : 10일, ☂ : 1일

학생   계절마다 비가 며칠이나 내렸는지 나타낸 그림그래프군요.

선생님   맞아. 어떤 계절에 비가 가장 많이 내릴까?

학생   당연히 여름이죠. 34일이나 비가 왔네요.

선생님   그럼 공원에 나들이 갈 때는 언제가 가장 좋을까?

학생   음…… 봄이 가장 비가 적게 내리니까 좋을 것 같아요.

선생님   맞아! 기특하구나. 뉴스에서는 이런 그림그래프도 활용해서 정보를 전달하지.

한 줄 개념 정리

남학생   그림그래프는 한눈에 크기를 비교하기 쉬워요.

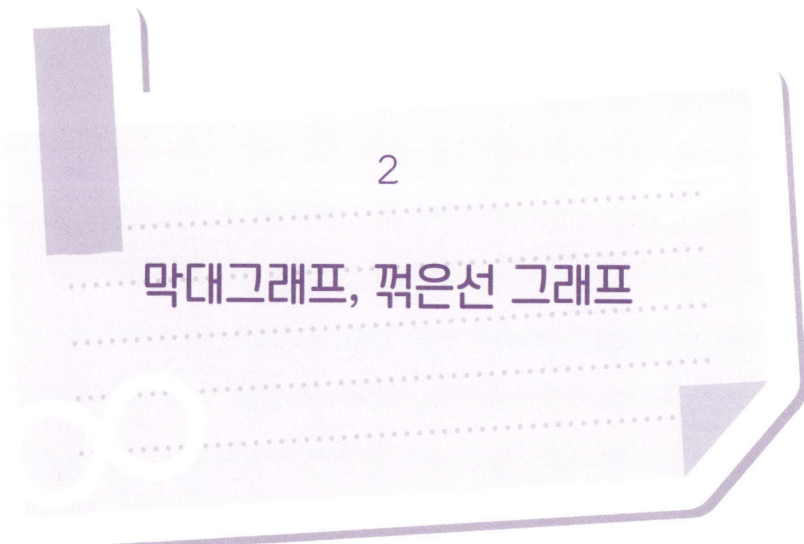

2
막대그래프, 꺾은선 그래프

생활 속 수학

　우리는 TV나 스마트폰으로 뉴스를 볼 때나 신문을 볼 때 나이대별 인구분포도, 분리수거 배출량, 온라인 쇼핑 거래량, 오디션 프로그램 득표 현황, 국가별 메달 수 등을 막대그래프로 표현한 자료를 만납니다. 숫자와 말로 자료를 표현하기보다는 막대그래프로 표현하면 한눈에 쏙 들어옵니다. 각 부분의 상대적인 크기를 비교하기도 쉽고 결과를 정리하거나 해석하여 활용할 때도 편리합니다. 보통은 막대를 위로 그리지만, 옆으로 그리거나 간혹 화살표로 표현하기도 합니다.

개념 쏙~쏙~

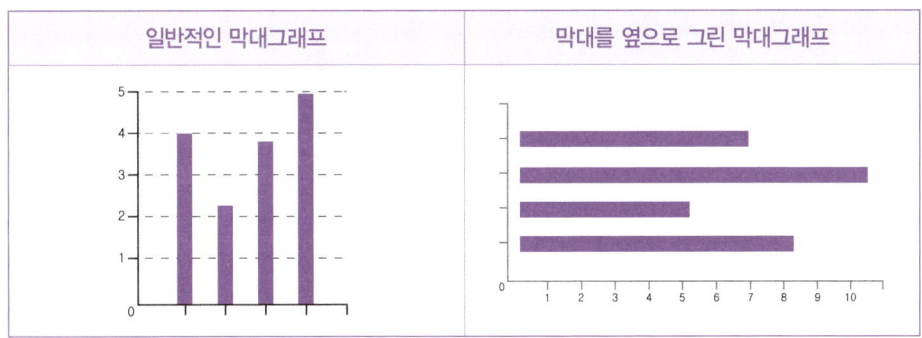

선생님 막대그래프는 주어진 표를 직접 그려 보고 해석하는 것이 중요하지. 이 표를 막대그래프로 그려 보렴.

좋아하는 동물				
동물	토끼	사자	강아지	고양이
학생 수(명)	4	5	4	3

학생 선생님, 이 정도는 식은 죽 먹기죠.

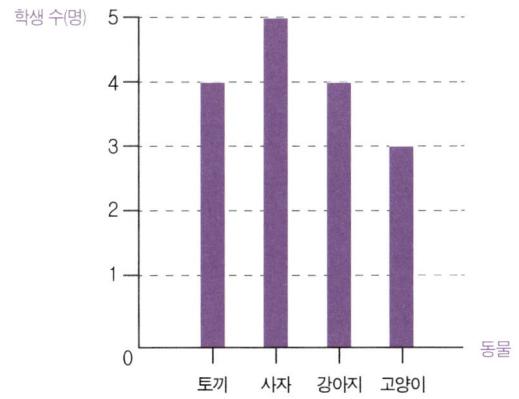

선생님	무리 없이 잘하는군. 아이들이 가장 좋아하는 동물은 뭐지?
학생	사자입니다.
선생님	그럼 체험 학습을 갈 때 토끼와 강아지가 있는 곳으로 가야 할까, 아니면 사자와 고양이가 있는 곳으로 가야 할까?
학생	모든 동물이 다 있는 곳으로 가야죠!
선생님	당연한 말이지만 지금은 수학 시간이잖니.
학생	죄송해요! 토끼와 강아지를 좋아하는 친구도 8명, 사자와 고양이를 좋아하는 친구도 8명이므로 정할 수 없을 것 같아요.
선생님	그렇지. 막대그래프는 그릴 줄도 알아야 하지만 해석할 줄도 알아야 해. 잘했어!

꺾은선 그래프도 막대그래프처럼 쓰는데, 특히 변화량을 표현할 때 많이 사용합니다. 우리나라 평균 기온·강수량의 변화, 우리나라 경제 성장률, 스마트폰 월별 판매량 등을 꺾은선 그래프로 나타내면 자료량의 변화를 한눈에 알아보기 쉽습니다. 꺾은선 그래프는 연속적으로 변화하는 양을 점으로 찍고 선분으로 이어 그린 것입니다. 나이별 키를 꺾은선 그래프로 나타내면 키가 얼마나 컸는지 한눈에 확인할 수 있습니다.

우리 반 아이들이 좋아하는 음식을 꺾은선 그래프로 그리면 어떨까요? 좋지 않은 방법입니다. 꺾은선 그래프는 변화량을 나타내기에 적합하므로 좋아하는 음식처럼 연속적이지 않은 자료와 서로의 차이를 비교하는 자료는 막대그래프로 나타내는 것이 좋습니다.

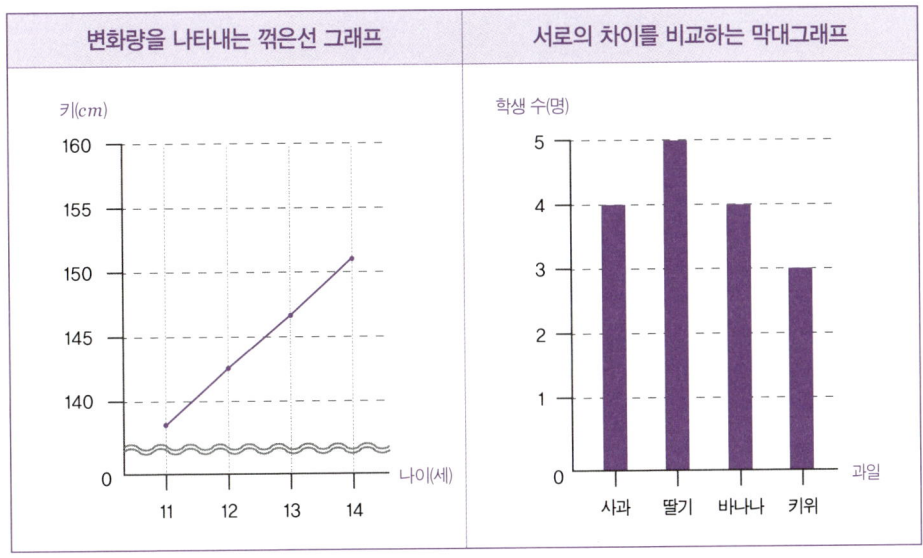

선생님　꺾은선 그래프는 주어진 표를 직접 그려 보고 해석하는 것이 중요하지. 이 표를 꺾은선 그래프로 그려 보렴.

연도별 ○○마을 인구수					
연도(년)	2020	2021	2022	2023	2024
인구수(명)	360	320	300	260	200

학생　선생님. 이 정도는 식은 죽 먹기죠. 짠~

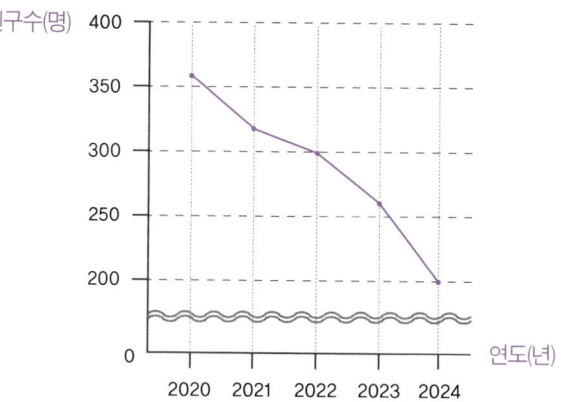

선생님	역시 잘하는군. 이 그래프를 보면 어떤 생각이 드니?
학생	음…… ○○마을은 매년 인구수가 줄어들고 있어요.
선생님	맞아. 그럼 ○○마을은 앞으로 인구수가 어떻게 될까?
학생	점점 더 줄어들 것 같아요.
선생님	맞아. 그럼 ○○마을은 어떤 노력을 해야 할까?
학생	마을이 없어지지 않도록 살기 좋은 마을로 만들어야 해요.
선생님	맞아. 꺾은선 그래프는 그래프를 읽고 올바르게 해석하는 것도 중요하단다.

 한 줄 개념 정리

여학생	꺾은선 그래프는 변화량을 나타낼 때 좋아요.

3 평균

생활 속 수학

오늘은 신나는 투호 놀이 시간입니다. 1명당 던질 수 있는 기회는 총 열 번이고, 우리 반 친구들은 10명입니다. 1명당 열 번씩 10명이 던지면 총 횟수는 100번이 되겠죠? 투호 놀이가 끝나고 친구들이 넣은 개수를 모두 합치니 40개였습니다. 100개 중에 40개면 백분율로 40%고, 평균으로 구하면 1인당 4개씩 넣은 셈이죠. 그럼 여기서 질문! 학생 10명은 모두 4개씩 넣었을까요? 아니면 3개, 4개, 5개 정도를 넣었을까요? 정답은 '알 수 없다'입니다. 지금 여러분은 평균의 함정을 살펴보는 중이에요. 예를 들어 볼까요? 철수와 영희가 투호를 10개씩 던졌어요. 철수는 0개, 영희는 10개를 넣었어요. 성공한 투호 개수의 평균은 5개입니다. 평균이 5개라고 해서 모두 5개와 비슷한 개수를 성공한 것은 아니죠. 여러분의 반 평균이 80점이라고 해서 대부분 80점대가 아닌 것과 마찬가지예요. 100점도 있을 수 있고 50점도 있을 수 있기 때문이죠. 무슨 말인지 이해가 잘 안 될 수도 있어요. 평균의 오류를 좀 더 자세히 살펴보죠.

개념 쏙~쏙~

이름	철수	영희	미자	영철	상호	평균
수학 성적(점)	0	100	90	35	55	56

철수, 영희, 미자, 영철, 상호 5명은 수학 시험을 봐서 서로 다른 점수를 받았어요. 5명의 평균은 50점을 좀 넘는 56점이죠. 좀 더 깊게 파고들어 볼게요.

① **평균은 실제로 있는 값이 아닐 수도 있다.** ⇨ 대한민국 출산율은 0.7명입니다. 하지만 현실에서는 1명, 2명으로 표기합니다. 현실에서 사람을 0.7명으로 나누어 부를 수는 없기 때문이죠.

② **평균은 자료 중 어느 하나와 꼭 일치하지 않는다.** ⇨ 평균은 56점이지만 56점을 맞은 친구는 없죠? 여러분이 사막에 여행을 가는데, 그곳의 하루 평균 기온은 21도라고 합니다. 반팔 티와 반바지를 챙겨 사막 여행을 떠난다면 어떤 일이 생길까요? 한낮에는 40도가 넘는 기온과 밤에는 영하까지도 떨어지는 기온에 꽤나 난처할 수도 있습니다.

③ **평균은 모든 값을 포함해야 한다.** ⇨ 철수의 0점과 영희의 100점을 빼놓고 계산을 하는 경우가 있어요. 원래는 $\frac{0+100+90+35+55}{5}=56$으로 계산해야 하지만, 0과 100을 빼 버리고 $\frac{90+35+55}{3}$ 나 $\frac{100+90+35+55}{5}$ 처럼 계산하는 경우도 있어요. 평균은 항상 모든 값을 다 더한 뒤 나누어야 한답니다.

우리가 '평균'이라고 배우는 개념은 산술 평균 개념이에요. 모든 자료를 더해 자료의 수로 나누는 개념이죠. 이외에도 순서대로 나열한 자료 중 중앙에 위치한 값을 고르는 '중앙값'과 주어진 값 중에서 가장 자주 나오는 '최빈값'도 있어요. 산술 평균의 한계를 보완하는 개념들이죠. 지금은 산술 평균만 잘할 수 있어도 된답니다. 문제 3개만 풀어 봐도 쉽게 이해할 수 있는 개념입니다.

수학의 원리

문제 1) 호빵이네 반 아이들의 $100m$ 달리기 기록을 표로 나타냈습니다. $100m$ 달리기 평균 기록은 얼마인가요?

이름	호빵	호수	호영	호식	호철	평균
달리기 기록(초)	24	31	33	23	29	☐

풀이 1) 호빵이네 반 아이들은 모두 5명이고, 각각 기록은 24초, 31초, 33초, 23초, 29초입니다. (모든 자료의 합)÷(자료의 수)로 계산해 봅니다.
$\frac{24+31+33+23+29}{5} = \frac{140}{5} = 28$입니다. $100m$ 달리기 평균 기록은 28초입니다.

문제 2) 서울 A 초등학교는 투명 페트병을 모아 오면 종량제 쓰레기봉투로 바꾸어 주는 에코 투모로 활동에 참여 중입니다. 다음은 A 초등학교가 학년별로 모은 투명 페트병의 무게를 나타낸 표입니다. 4개월 동안 모은 페트병 무게의 평균이 $3kg$일 때, 3월에 모은 투명 페트병은 몇 kg일까요?

월	3월	4월	5월	6월	평균
페트병 무게(kg)	☐	1	4	4	3

205

풀이 2) A 초등학교가 4개월 동안 모은 페트병 무게의 합은 $12kg$입니다. 3월을 제외하고 4월, 5월, 6월에 모은 페트병 무게는 $9kg$입니다. 따라서 $12kg$에서 $9kg$을 빼면 $3kg$이 됩니다.

문제 3) 수박이네 반 아이들의 평균 키는 $143cm$입니다. 수현이 키는 몇 cm인가요? 빈칸을 채워 보세요.

이름	수박	수호	수진	수영	수현	평균
키(cm)	151	143	125	136	☐	143

풀이 3) 수박이네 반 아이들은 모두 5명이고, 평균을 구하는 식은 $\frac{151+143+125+136+\square}{5}=143$입니다. 이대로 풀기에는 좀 어렵고 복잡합니다. 다른 방향으로 생각해 보면, 5명의 키를 모두 더한 값은 $143cm$를 다섯 번 곱한 값과 동일합니다. 즉, $151+143+125+136+\square=143\times5$로 나타낼 수 있습니다. 계산해 보면 $555+\square=715$가 됩니다. 따라서 ☐ 값은 160이므로 수현이 키는 $160cm$가 됩니다.

> 한 줄 개념 정리

엄마   평균은 모든 값을 더해 나누면 돼.

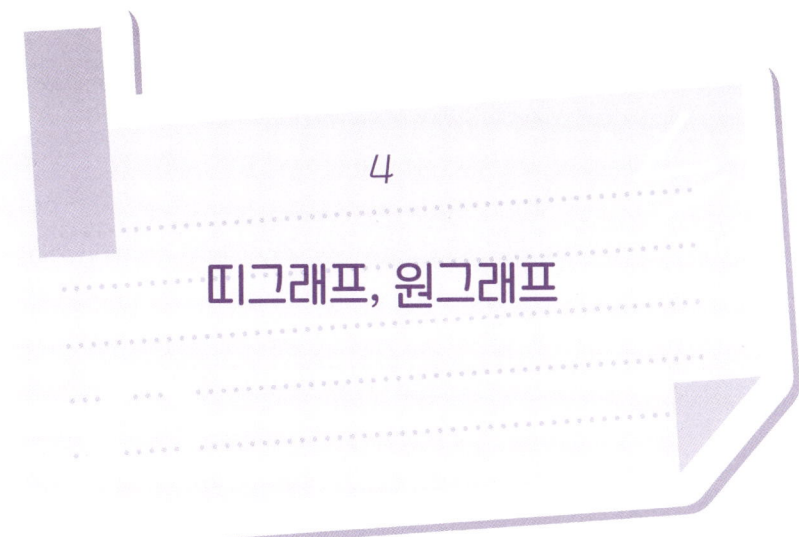

4
띠그래프, 원그래프

개념 쏙~쏙~

여러분은 이미 그림그래프, 막대그래프, 꺾은선 그래프를 잘 알고 있을 거예요. 띠그래프와 원그래프는 이름만 들어도 어렴풋하게 느낌이 오죠? 그 느낌이 맞아요. 띠그래프와 원그래프는 비율 그래프에 속해요. 비율 그래프는 전체를 100%로 보고 각 부분을 띠나 원으로 나타낸 것입니다. 비율 그래프로 나타내면 한눈에 자료 크기를 비교하기 쉬운 장점이 있죠. 다만 항목이 너무 많다면 그래프 안에 모든 정보를 표기하기가 다소 어려울 수 있어요.

선생님 자, 우리 반 학생들의 혈액형을 조사한 표가 여기 있어요. 띠그래프를 그려 보세요.

혈액형	A형	B형	O형	AB형	합계
학생 수(명)	7	6	4	3	20

학생   너무 쉬워요. 띠그래프는 비율 그래프라서 백분율을 구하면 되거든요. 제가 표를 더 보충해 볼게요.

혈액형	A형	B형	O형	AB형	합계
학생 수(명)	7	6	4	3	20
백분율	$\frac{7}{20}\times 100$ $=35\%$	$\frac{6}{20}\times 100$ $=30\%$	$\frac{4}{20}\times 100$ $=20\%$	$\frac{3}{20}\times 100$ $=15\%$	100%

선생님   옳지 잘했구나. 그럼 띠그래프를 그려 보렴.

학생   띠그래프는 이렇게 그릴 수 있어요.

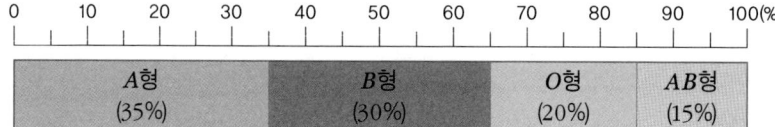

선생님   띠그래프는 합격! 그러면 원그래프 문제야. 다음 표를 원그래프로 나타내 보렴. 이번에는 백분율이 계산되어 있는 표야.

선호하는 운동 종목	축구	배드민턴	배구	피구	합계
학생 수(명)	8	7	5	5	25
백분율	$\frac{8}{25}\times 100$ $=32\%$	$\frac{7}{25}\times 100$ $=28\%$	$\frac{5}{25}\times 100$ $=20\%$	$\frac{5}{25}\times 100$ $=20\%$	100%

학생 백분율을 계산하지 않아도 되어서 더 빠르게 그릴 수 있겠어요. 이렇게 그리면 되죠?

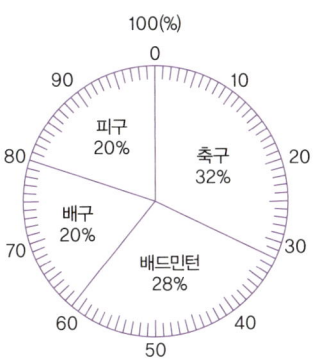

선생님 잘했어. 띠그래프로 그리면 이렇게 나타낼 수 있단다.

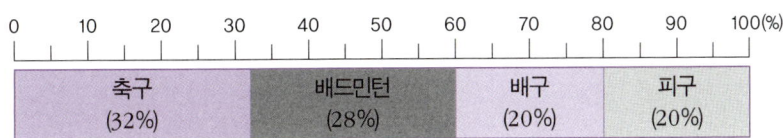

학생 비율 그래프 그리기는 문제없어요!

선생님 그리기는 마스터했으니 그래프를 해석해 보고 수업을 마치자구나. 다음 비율 그래프를 보고 알 수 있는 것 세 가지만 말해 보렴. ○○초등학교 학생들에게 듣고 싶은 노래 장르를 조사한 원그래프야. 참고로 동요를 고른 학생은 16명이란다.

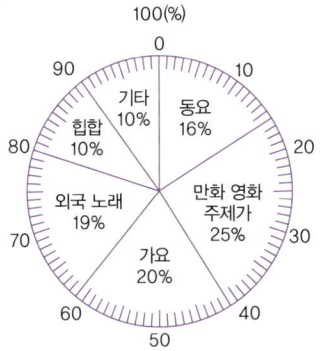

209

학생 음…… 가장 많은 초등학생이 만화 영화 주제가를 듣고 싶어 해요. 외국 노래는 선호도가 3등입니다. 그리고 동요가 백분율로 16%인데, 16명이니 전체 학생은 100명이라고 유추할 수 있어요.

선생님 대단하구나. 만화 영화 주제가는 25명, 가요는 20명, 외국 노래는 19명, 힙합은 10명, 기타는 10명이지.

한 줄 개념 정리

남학생 비율 그래프는 한눈에 자료 크기를 비교할 수 있어요.

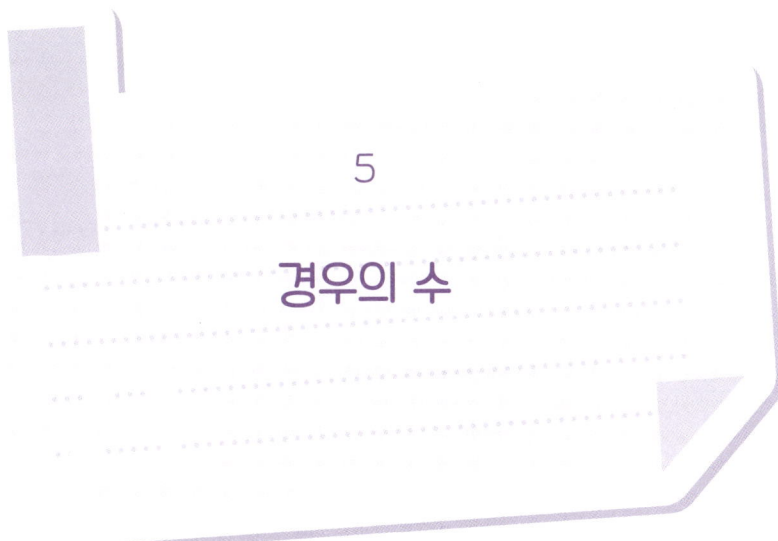

5
경우의 수

생활 속 수학

경우의 수는 어떤 일이 일어날 가짓수를 이야기해요. 초등수학에서 정확하게 '경우의 수'라고 표기된 단원은 없지만, 알아 두면 중학교 공부도 대비할 수 있고 실생활에서도 쓸모 있는 수학 개념입니다. 가위바위보를 할 때도 경우의 수를 써요. 친구와 가위바위보를 할 때 모든 경우의 수는 몇 가지일까요? 세 가지일까요? 여섯 가지일까요? 정답은 바로 아홉 가지입니다. 내가 낼 수 있는 경우의 수는 가위, 바위, 보 세 가지고 친구가 낼 수 있는 경우의 수도 가위, 바위, 보 세 가지이기 때문입니다. 가위바위보를 할 때 이기는 경우의 수가 세 가지, 지는 경우의 수가 세 가지, 비기는 경우의 수가 세 가지입니다. 똑같은 경우의 수를 보이기 때문에 '공평하게 정하자!'를 할 때는 가위바위보를 하는 것입니다. 표로 만들어서 살펴볼게요.

개념 쏙~쏙~

나		친구	누가 이겼나요?	결과는?
✊	↗	✊	비김	
✊	→	🖐	이김	
✊	↘	✌	짐	이기는 경우의 수 세 가지 지는 경우의 수 세 가지 비기는 경우의 수 세 가지 모두 동일합니다. 가위바위보가 가장 공평하다고 하는 이유를 알겠죠? 앞으로 무언가를 정해야 할 일이 생길 때 가위바위보로 정하면 좋을 것 같아요. 동전 던지기도 앞면 아니면 뒷면이 나오니 괜찮은 방법일 것 같네요.
🖐	↗	✊	짐	
🖐	→	🖐	비김	
🖐	↘	✌	이김	
✌	↗	✊	이김	
✌	→	🖐	짐	
✌	↘	✌	비김	

학생   선생님! 근데 왜 저는 가위바위보를 하면 맨날 질까요?

선생님   보통 이기는 것보다 지는 것이 기억에 더 인상 깊게 남아서 그렇지 않을까?

학생   그런가요? 그러면 저는 가위바위보를 이기고 싶은데 비법이 없을까요?

선생님   통계로 나온 결과를 토대로 알려 주마. 보통 사람들은 주먹을 펴는 것보다 쥐고 있는 것이 더 익숙하지? 그래서 처음에는 주먹을 많이 낸단다. 앞으로 처음에는 보를 내렴.

학생   첫판을 이기거나 비기거나 질 수도 있잖아요. 두 번째 판은 어떻게 해요?

선생님   상대가 가위바위보를 이기면 이겼던 것을 또 낼 확률이 높단다. 상대가 지게 되면 내지 않았던 것을 내기 마련이지. 마지막으로 비기게 되면 지는 수를 내면 된단다. 주먹끼리 비겼다면 다음 판에는 가위를 내면 되지. 사람들은 무의식적으로 이기는 것을 내거든.

학생   신기하네요. 꼭 기억하겠습니다.

선생님   이것도 통계에 불과하니 항상 그렇지는 않다는 걸 꼭 알아 두렴.

수학의 원리

문제) 동전을 다섯 번 던졌을 때 앞면이 나오는 경우의 수를 구하세요.

풀이) 동전을 한 번 던졌을 때 나오는 경우의 수는 앞면과 뒷면 두 가지입니다. 동전을 두 번 던진다면 앞-앞, 앞-뒤, 뒤-앞, 뒤-뒤 총 네 가지입니다. 세 번을 던지면 어떻게 될까요? 알아보기 쉽게 표로 만들어 볼게요.

동전을 한 번 던졌을 때	동전을 두 번 던졌을 때	동전을 세 번 던졌을 때	동전을 네 번 던졌을 때	동전을 다섯 번 던졌을 때
앞	앞-앞	앞-앞-앞	앞-앞-앞-앞	
뒤	앞-뒤	앞-앞-뒤	앞-앞-앞-뒤	
	뒤-앞	앞-뒤-앞	앞-앞-뒤-앞	
	뒤-뒤	앞-뒤-뒤	앞-앞-뒤-뒤	
		뒤-앞-앞	앞-뒤-앞-앞	
		뒤-앞-뒤	앞-뒤-앞-뒤	
		뒤-뒤-앞	앞-뒤-뒤-앞	
		뒤-뒤-뒤	앞-뒤-뒤-뒤	
			뒤-앞-앞-앞	?
			뒤-앞-앞-뒤	
			뒤-앞-뒤-앞	
			뒤-앞-뒤-뒤	
			뒤-뒤-앞-앞	
			뒤-뒤-앞-뒤	
			뒤-뒤-뒤-앞	
			뒤-뒤-뒤-뒤	
2가지	2×2=4가지	2×2×2=8가지	2×2×2×2=16가지	

혹시 규칙을 찾았나요? 앞서 발생한 경우의 수 각각에 총 2가지 경우의 수(앞면과 뒷면)가 추가되어 결국 경우의 수는 2배씩 늘어나는 규칙을 보입니다. 따라서 동전을 다섯 번 던진다면 2×2×2×2×2=32가지가 됩니다. 더 나아가 동전을 여섯 번 던질 때는 64가지, 일곱 번 던질 때는 128가지가 되겠죠?

한 줄 개념 쟁리

남학생　가위바위보와 동전 던지기는 공평한 방법이에요.

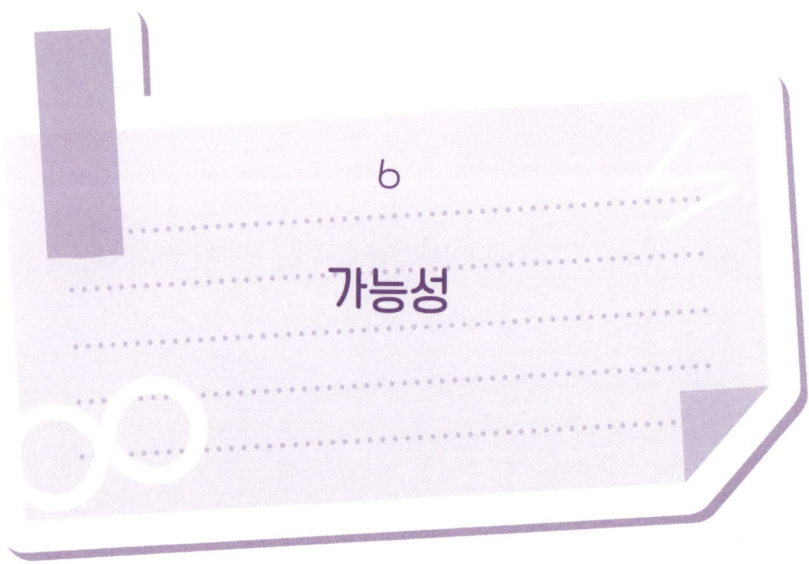

6 가능성

생활 속 수학

대~한민국 짝짝짝 짝짝! 우리나라 국민이라면 모두 아는 응원 구호죠? 지금부터 20년도 더 전인 지난 2002년에는 붉은악마가 우리나라 전체를 뒤덮었어요. 축구는 경기 중에 골을 넣는 필드 골도 있지만, 골대 앞 필드에 표시되어 있는 페널티 에어리어 안에서 반칙을 범하면 상대편에게 페널티 킥 기회를 주기도 해요. 공을 세워 놓고 심판의 휘슬 소리가 울리면 키커는 골대로 공을 차고 골키퍼는 그 공을 막습니다. 페널티 킥은 평균적으로 열 번 차면 일곱 번 정도는 성공합니다. 70% 성공률이죠. 그렇다면 페널티 킥은 넣을 가능성이 높을까요, 아니면 못 넣을 가능성이 높을까요? 50%가 넘으니 당연히 페널티 킥은 넣을 가능성이 높습니다. 하지만 가능성은 가능성일 뿐! 실제로는 우리 편 키커 5명 모두가 페널티 킥을 못 넣을 수도 있답니다.

개념 쏙~쏙~

여러분이 동전을 던졌을 때 앞면과 뒷면이 나올 확률은 반반입니다. 하지만 열 번 던졌을 때 앞면이 여덟 번, 뒷면이 두 번 나올 수도 있어요. 옆에 있는 친구는 앞면이 세 번, 뒷면이 일곱 번 나올 수도 있겠죠.

신기한 점은 모든 친구가 던진 횟수를 합쳐서 계산해 보면 앞면과 뒷면이 나올 확률이 비슷하다는 것입니다. 믿기 어렵다면 시간이 날 때 동전을 열 번, 100번, 1,000번 던져 보세요. 그럼 확인할 수 있답니다.

친구와 주사위 2개를 던져 나온 두 수의 합을 예측하는 놀이를 할 때 어떤 숫자가 나올 확률이 가장 높을까요? 정답부터 말하자면 바로 7입니다. 그 이유를 알았나요? 표로 만들어 볼게요.

주사위 A 주사위 B	1	2	3	4	5	6
1	2	3	4	5	6	7
2	3	4	5	6	7	8
3	4	5	6	7	8	9
4	5	6	7	8	9	10
5	6	7	8	9	10	11
6	7	8	9	10	11	12

주사위 2개를 던지면 나올 수 있는 모든 경우의 수는 36가지예요. 그중 합이 7이 되는 경우는 (1,6), (2,5), (3,4), (4,3), (5,2), (6,1)로 총 여섯 가지예요. 다른 숫자보다 나올 확률이 더 큽니다.

각각의 숫자가 몇 번씩 나오는지 나타내 볼까요? 앞의 표에서 세어 보면 알 수 있어요. 친구들과 내기할 때, 주사위 두 수의 합은 무조건 '7'을 고르세요. 꼭 기억하세요.

수	2	3	4	5	6	7	8	9	10	11	12
경우의 수	1	2	3	4	5	6	5	4	3	2	1
확률	$\frac{1}{36}$	$\frac{2}{36}$	$\frac{3}{36}$	$\frac{4}{36}$	$\frac{5}{36}$	$\frac{6}{36}$	$\frac{5}{36}$	$\frac{4}{36}$	$\frac{3}{36}$	$\frac{2}{36}$	$\frac{1}{36}$

덧셈이 너무 쉽다면 주사위를 두 번 던졌을 때 두 수의 차도 알아볼까요? 주사위를 두 번 던져 나온 두 수의 차를 예측할 때, 어떤 숫자가 나올 확률이 가장 높을까요? 2인 것 같기도 하고 1이나 3 같기도 하죠? 궁금증을 같이 해결해 봐요.

주사위 B \ 주사위 A	1	2	3	4	5	6
1	0	1	2	3	4	5
2	1	0	1	2	3	4
3	2	1	0	1	2	3
4	3	2	1	0	1	2
5	4	3	2	1	0	1
6	5	4	3	2	1	0

경우의 수 36가지 중에서 가장 많이 등장하는 수는 1입니다. 확률로 따진다면 '1'이 나온다고 내기하는 것이 가장 합리적입니다. 전체적으로 두 수의 차에 관한 확률을 살펴볼까요?

수	0	1	2	3	4	5
경우의 수	6	10	8	6	4	2
확률	$\frac{6}{36}$	$\frac{10}{36}$	$\frac{8}{36}$	$\frac{6}{36}$	$\frac{4}{36}$	$\frac{2}{36}$

'1'이 아니라 2가 나올 확률도 꽤나 높고, 0과 3도 나쁘지 않은 확률이에요. 더 알아보고 싶다면 주사위 2개를 던졌을 때 나오는 두 수의 곱과 두 수의 나눗셈, 혹은 나머지까지 규칙을 찾아보는 것도 재미있는 활동이 될 수 있어요. 우리가 수학에서 말하는 확률은 확률일 뿐입니다.

무슨 말인지 궁금하죠? 로또 1등이 당첨될 확률은 $\frac{1}{8145060}$ 입니다. 미국 국립 기상청에 따르면, 한 사람이 80년을 살아가는 동안 번개에 맞을 확률은 $\frac{1}{153000}$ 이라고 합니다. 인생에서 첫 번째로 구매한 로또 5게임 중에 1게임이 당첨될 수도 있고, 살아가면서 벼락을 여러 차례 맞는 사람도 있기 마련입니다. 확률은 우리 삶과 미래를 예측하는 데 큰 도움이 되지만, 모든 일은 확률대로 일어나지 않는다는 사실을 기억하세요.

마지막으로 가벼운 문제 하나 풀어 볼게요. 다음 상자에서 공을 뽑으면, 보라색 공을 뽑을 확률과 검은색 공을 뽑을 확률이 똑같아요. 모두 $\frac{2}{4}(=\frac{1}{2})$로 동일합니다. 하지만 첫 번째 공으로 보라색 공을 뽑고 나서 두 번째 공을 뽑는다면 확률이 바뀌어요. 보라색 공은 이미 뽑아서 사라지고 상자에는 보라색 공 1개와 검은색 공 2개만 있죠. 이때 보라색 공을 뽑을 확률은 $\frac{1}{3}$이고, 검은색 공을 뽑을 확률은 $\frac{2}{3}$가 됩니다.

한 줄 개념 정리

선생님 가능성을 표현할 때는 모든 값을 표로 만들면 쉬워.